Vera Schroeder

KLEINE FLUCHTEN – GROSSES GLÜCK

Vera
Schroeder

KLEINE FLUCHTEN – GROSSES GLÜCK

20 ungewöhnliche Ideen
für ein entspanntes
Familienleben

Kösel

FSC
www.fsc.org
MIX
Papier aus verantwortungsvollen Quellen
FSC® C083411

Penguin Random House Verlagsgruppe FSC® N001967

Umschlaggestaltung: Weiss Werkstatt München
nach einer Idee von @kriegundfreitag.com
Umschlagmotiv: © @kriegundfreitag.com;
Shutterstock.com (Charunee Yodbun; MaraZe)
Abbildungen innen: Cartoons: © @kriegundfreitag.com
Papierflieger und Rakete: MH/stock.adobe.com
Rahmen: paintermaster/stock.adobe.com
Eiskugel: MaraZe/Shutterstock.com
Lektorat: Dr. Daniela Gasteiger, Iris Seyband
Satz: Satzwerk Huber, Germering
Druck und Bindung: CPI books GmbH, Leck
Printed in Germany
ISBN 978-3-466-31141-5
www.koesel.de

Dieses Buch ist auch als E-Book erhältlich.

Für meine Tante Nina.

INHALT

VORWORT

Wenn mich jemand fragt, ob sich in den 13 Jahren zwischen der Geburt meines ersten und meines vierten Kindes viel verändert hat im Elternsein, dann erzähle ich immer drei Geschichten. Die erste handelt davon, dass der Vater meiner Kinder anfangs in unserem Freundeskreis eine Debatte darüber auslöste, ob es männlichkeitstechnisch in Ordnung sei, ein Baby im Tragegurt mit sich herumzutragen. Die zweite Geschichte ist die von den Spielplatzdates mit meiner Freundin Stephanie, bei denen wir auf unserer Lieblingsbank eine Zigarette nach der anderen rauchten, während unsere Einjährigen im Sandkasten buddelten. Und die dritte Geschichte handelt vom Rat eines älteren Kollegen. Als ich ihm erzählte, dass ich mich als Journalistin auf Familienthemen konzentrieren will, empfahl er mir, lieber gleich in die Mode zu gehen. Das sei ähnlich trivial, aber man könne damit wenigstens Geld verdienen.

Nicht nur bei mir, auch generell hat sich in den letzten beiden Jahrzehnten für Familien in Deutschland viel verändert. 2007 wurde das Elterngeld eingeführt. Erste Elternblogs starteten, die bald in einer neuen, authentischen Sprache das Narrativ vom kitschigen Familienglück dekonstruierten. Die Kinderwunschmedizin entwickelte sich rasant. Familienformen wurden bunter und vielfältiger. 2012 stieg die Geburtenziffer in Deutschland nach langer Zeit erstmals wieder an. Heute arbeiten so viele Mütter wie nie zuvor, manche von ihnen werden sogar Chefinnen. Und ab und an nehmen Väter Elternzeit.

Also alles hervorragend gelaufen für Familien? So gut die Entwicklungen auf den ersten Blick wirken, so sehr ist mit ihnen leider auch der Stress gewachsen. 40 Prozent der Mütter und Väter in Deutschland fühlen sich laut der Forsa-Umfrage »Eltern unter Strom« von 2019 in ihrem Alltag dauerhaft gestresst. Auch wenn das nicht permanent so empfunden wird: Dass das Familienleben zwischen Kinderbetreuungszwängen, Jobstress, Zukunftssorgen, eigenen Wünschen der Erwachsenen und Sehnsüchten und Bedürfnissen der Kinder oft sehr anstrengend ist, lässt sich aus fast jedem Elterngespräch heraushören. Als Hauptursache geben die Befragten der Forsa-Umfrage ihren eigenen hohen Anspruch an: Sie tun alles, um es den Kindern, dem Partner oder der Partnerin, den Anforderungen im Job und auch sich selbst recht zu machen. 21 Prozent der Befragten führen den Stress zudem auf gesellschaftlichen Druck zurück. Was steckt genau hinter diesen Wahrnehmungen? Von wo kommen die Kräfte, die an uns Eltern zerren?

Ein Stressfaktor für Familien heute ist die Erwerbsarbeit. Rasant wurde in ganz Deutschland üblich, was es vorher nur im Osten gab: Der Großteil der Mütter kehrt schon mit Kleinkindern in den Job zurück, während Väter unverändert weiterarbeiten. Während 2006 im dritten Lebensjahr eines Kindes 44,1 Prozent der Mütter wieder arbeiteten, waren es 2018 schon 60,1 Prozent. Eine Zeit lang nannte man den Spagat zwischen Care- und Lohnarbeit, den viele Frauen hinlegen (manche gern, manche, weil es gar nicht anders geht), »Doppelbelastung«. Mittlerweile heißt es freundlicher »Vereinbarkeit von Familie und Beruf« oder, noch stärker auf das individuelle Jonglieren abzielend, »Work-Life-Balance«. Letzteres ist ein fieser Begriff, denn er suggeriert, dass es unsere ganz persönliche Verantwortung ist, das Rattenrennen zwischen Zuhause und Büro ordentlich hinzukriegen.

Natürlich ist es großartig (und übrigens ein Menschenrecht), dass Frauen in Deutschland heute auch mit Kindern ihr eigenes Geld verdienen, die Möglichkeit haben, einen Beruf auszuüben und, ja, in diesem sogar erfolgreich zu sein. Wie viel schwieriger bis unmöglich diese Aufgabe allerdings wird, wenn der Staat nicht hinterherkommt, gute Betreuungsplätze zu organisieren, wird in der neuen Begriffswelt von Work-Life-Balance gern unterschlagen. Weder Politik noch Wirtschaft haben es bisher geschafft (oder auch ernsthaft versucht), die immense Mehrbelastung, die innerhalb der Familien entstanden ist, aus der Privatverantwortung der Einzelnen zu lösen. Es wurden zwar Betreuungseinrichtungen ausgebaut, Schutzrechte für Eltern gestärkt und das schon erwähnte Elterngeld eingeführt. Solange die Vollzeitarbeitswoche allerdings 40 Stunden dauert, kann es rein rechnerisch nur stressig bleiben: Während in der Generation unserer Großeltern und oft auch noch unserer Eltern (zumindest in Westdeutschland) meist einer 100 Prozent arbeitete und der (allermeistens *die*) andere die Familienarbeit leistete, sind heute viele Paare zusammen zu 150 bis 200 Prozent erwerbstätig. Die Familienarbeit ist trotzdem nicht weniger geworden.

Warum also tun wir uns das alle an? Weshalb scheren wir – Männer wie Frauen – aus diesem Belastungssystem nicht aus und beantragen kollektiv Teilzeit? Drei Gründe liegen auf der Hand: Weil viele Jobs in ihrer aktuellen Konstruktion in Teilzeit gar nicht möglich sind. Weil man sich in Teilzeit in unserer Arbeitskultur Chancen verbaut. Und weil man zu wenig Geld verdienen würde, um als Familie überleben zu können. Deswegen bräuchte es gesetzliche Strukturen: die 30- bis 32-Stunden-Woche als neue Vollzeit und nicht als gnädiges Teilzeitmodell.

Die Frage nach dem Geld hängt mit einer anderen Entwicklung zusammen, die Eltern, aber auch alle anderen Menschen in den vergangenen Jahrzehnten immens geprägt hat. Es ist die Kernformel des liberalen Kapitalismus: »Du findest dein Glück im Konsum.« Für Eltern versteckt sich dieser Satz gern in der Feststellung: »So wie bei meinen Eltern, dass nur einer arbeitet, das ginge bei uns ja gar nicht mehr! Da würden wir hinten und vorne nicht hinkommen!« Man versucht mit diesem Satz zu betonen, dass das Leben unendlich teurer geworden sei und man sich deshalb ganz automatisch mehr abrackern müsse, um über die Runden zu kommen.

Sieht man ein paar Zahlen an, bröckelt diese Version. Mindestens genauso stark wie etwa die Mieten sind auch unsere Ansprüche an das Leben als konsumierende Familien gestiegen. Oder sagen wir lieber: Unsere Ansprüche an das Leben wurden hochgeschraubt – von Konsumlogiken, aber auch von uns selbst. Während eine vierköpfige Familie in Westdeutschland im Jahr 1956 im Schnitt 60,2 Quadratmeter Wohnraum hatte, waren es 2014 (das sind die jüngsten Zahlen) 118 Quadratmeter. Es ist heute schwer vorstellbar, zum Beispiel drei Kinder, wie früher durchaus üblich, dauerhaft in einem Zimmer unterzubringen. Oder Urlaube: Während unsere Eltern noch den einen Sommerurlaub im Jahr im klapprigen Campingbus an der Adria verbrachten, leistet sich die durchschnittliche Mittelschichtsfamilie heute zwei bis drei Reisen im Jahr. Dazu kommen Produkte, von denen Generationen vor uns nicht einmal ahnten, dass man sie brauchen könnte: Wickeltaschen mit 72 Extrafächern, Kinderwägen mit Alufelgen, Bastelkurse für Kinder und Meditationskurse für Eltern, VW-Busse als reguläre Autos ab dem zweiten Kind, Lastenräder, SUPs und zum Liegenlassen im Schulsport superschicke Wasserflaschen aus Aluminium, läppische 30 Euro das Stück. Auch nachhaltiger Konsum kostet mehr Geld. Angesichts der Erderhitzung achten zum Glück immer mehr Menschen darauf, eine einigermaßen korrekt produzierte Jogginghose zu finden oder für Bio-Catering im Kindergarten zu kämpfen.

Berechnungen zeigen, dass die Gehälter in Deutschland im Verhältnis zu den Lebenshaltungskosten flächendeckend um 25 Prozent stärker gestiegen sind. Trotzdem haben wir das Gefühl, für frühere Generationen sei es einfacher gewesen, mit nur einem Gehalt klarzukommen. Das liegt nicht an den real gestiegenen Kosten, sondern an der Idee der Konsumgesellschaft, in der wir leben. Alles ist heute eine Ware. Auch Freizeit, Schönheit oder Bildung. Wenn alles eine Ware ist, wird man auch selbst zur Ware und die eigenen Kinder werden es ebenso. Nur wenn eine Ware besonders gut ist, ist sie auch besonders wertvoll. Deshalb optimieren wir uns, wir optimieren die Kinder und merken gar nicht, was wir dabei eigentlich zementieren: die Wirtschaftsordnung, von der wir so gestresst sind.

Viele von uns hängen heute im Kreis aus »Geld verdienen – konsumieren – Stress haben – mehr Geld verdienen, um diesem Stress dann im Fitnessstudio/Urlaub/Nachhilfeunterricht zu entkommen«, fest. Das ist kein individuelles Versagen. Im Gegenteil, es ist gar nicht leicht, die eigenen Abhängigkeiten überhaupt zu erkennen, gegen die wir – so scheint es – ohnehin nicht sehr viel ausrichten können. Klar, wir alle machen regelmäßig unsere Kreuze in der Wahlkabine, wir können uns politisch engagieren, im Elternbeirat, bei Fridays for Future, auf Twitter oder im Stadtrat. Aber wie schwer es fällt, die grundsätzliche Idee des »Immer mehr« zu verändern, hat nicht zuletzt Corona deutlich gemacht. Woher die Kraft und den Mut nehmen, plötzlich gegen alle Regeln »weniger« zu wollen? Oder die Dinge, wie sie sind, »gut genug« zu finden, und sich für mehr Gemeinschaft statt Wettbewerb zu engagieren?

Mit diesem Buch will ich Familien dazu anregen, kleine Fluchten in ihren Alltag einzubauen, um öfter wieder Kraft für ein »Gut genug« zu haben. Ich möchte die Idee festigen, dass gerade in unserer immens beschleunigten Welt jede Familie kleine Pausen braucht. Das Buch versammelt dafür 20 konkrete Vorschläge, die einfach umzusetzen sind und gleichzeitig die Möglichkeit in sich tragen, langfristige Veränderung auszulösen. Im Idealfall probieren Sie die Fluchten aus, variieren sie für Ihre Familie oder denken sich eigene aus. Ich will Ihnen Mut machen, unabhängig zu denken und gleichzeitig liebevoller mit sich selbst und den eigenen Ansprüchen umzugehen. Ich glaube, dass man nur mit guter Selbstfürsorge im »Wahnsinn Familienleben« das Glück findet. Denn die defizitären Gefühle, die viele Eltern teilen, sind nie individuellem Versagen geschuldet, sondern haben ihre Ursache in gesellschaftlichen Zusammenhängen. An anderen Stellen profitieren wir als Familien sogar von diesen Strukturen. Es geht darum, herauszufinden, wofür wir selbst Verantwortung tragen und wofür eindeutig nicht, obwohl es sich manchmal so anfühlt. Damit das Familienleben wieder lustiger wird. Damit es uns und den Kindern gut geht. Die kleinen Fluchten sollen helfen, sich von dem, was man sowieso nicht ändern kann, nicht zu sehr stressen zu lassen. Damit Sie genug Kraft tanken können, den Rest zu ändern.

Zwischen den Ideen für den Alltag finden sich Geschichten von Familien, die große Fluchten gewagt haben. Es sind Interviews mit Menschen, die zumindest für eine gewisse Zeit keine Lust mehr auf Alltagstrott oder -stress hatten und ihr Leben auf den Kopf gestellt haben. Die sich durch eine lange Reise oder einen längeren Auslandsaufenthalt Raum jenseits aller gesellschaftlichen Verpflichtungen gesucht haben. Ich liebe solche Aussteigergeschichten. Ich bin nicht mutig oder radikal genug, um es einer dieser Familien nachzumachen. Aber ich träume mich gern kurz in ihr Leben, um dann wieder um 22 Uhr abends in meiner Küche zu landen, in der noch drei E-Mails geschrieben, ein paar Muffins für das Kindergartensommerfest gebacken werden müssen und gerade ein Streit über Bettgehzeiten eskaliert.

Dass es ein Luxus ist, sich von solchen Dingen belastet zu fühlen und nicht von viel existenzielleren Problemen, ist ein Privileg, dessen ich mir in meinem Alltag wie auch als Autorin dieses Buches stets bewusst bin. Alles, was Sie hier lesen, ist aus der Perspektive einer in Westdeutschland sozialisierten

Cis-Frau geschrieben, die mit vier Kindern in einer um Gleichberechtigung bemühten Partnerschaft in München lebt. Dieser Hintergrund wird an vielen Stellen des Buchs sicher deutlich. Ich erkenne die Begrenztheit meiner Erzählperspektive an. Und wünsche mir, dass andere Sichtweisen ebenso ihren Weg in die Öffentlichkeit finden.

Letztens traf ich übrigens den Kollegen wieder, der mir vor 13 Jahren Modejournalismus statt Familienthemen empfohlen hatte. An seinen Karrieretipp von damals konnte er sich nicht mehr erinnern. Aber dass es heute sehr schwierig ist, mit Modejournalismus Geld zu verdienen, weil es immer weniger Magazine gibt, darüber wusste er Bescheid. Gleichzeitig fiel mir in dem Gespräch auf, wie wertvoll mein Entschluss geworden ist. Als Journalistin für Familienthemen wird man heute immer ernster genommen. In allen großen Zeitungen wurde der Bereich in den vergangenen Jahren ausgebaut. Familienpolitische Belange, Geschichten über den Alltag von Eltern oder die Rechte von Kindern nehmen zwar immer noch nicht den gleichen Raum ein wie zum Beispiel Fußball. Aber die Aufmerksamkeit wächst. Während der Corona-Krise konnten wir sehen, wie wichtig das ist. Familien brauchen eine starke Lobby. Dafür benötigen sie Energie – die folgenden Auszeiten und Tipps sollen dazu beitragen, dass Eltern und Kinder ausreichend Ressourcen finden.

Vera Schroeder

KLEINE FLUCHTEN

DIE ZEHN-GRAD-VERABREDUNG

Warum Eis immer hilft

Familiärer Stress hat viel damit zu tun, dass es zwischen Eltern und Kindern einen dauernden Kampf um Regeln, Ge- und Verbote gibt. »Wenn du dein Gemüse nicht aufisst, darfst du nachher nicht die Sendung mit der Maus gucken.« »Mach die Hausaufgaben, sonst kannst du nachher nicht raus.« »Stell bitte die Schuhe ordentlich vor die Tür, wie sieht das denn sonst aus für die Nachbarn.« »Und nein, nicht noch mal Gummibärchen!« Vonseiten der Kinder heißt es dann: »Ich will aber nicht.« »Ich will aber auch.« »Später.« »Nein.« »NEIN!« »ICH WILLWILLWILL!« Oder einfach: Durchzug bzw. bei kleineren Kindern Weinen, Toben, Gar-nicht-mehr-Wollen.

Warum ist das so? Wie entkommen wir dieser Dauerschleife, oder wie gelingt es uns, zumindest ab und an aus ihr auszubrechen? Einen vielversprechenden Weg bieten bindungsorientierte Ansätze. Sie gehen davon aus, dass Kinder mit einem großen Bedürfnis nach Bindung auf die Welt kommen und deswegen mit ihren Bezugspersonen so gut kooperieren, wie sie eben können. Diese Kooperationsbereitschaft ist grundsätzlich im Kind angelegt, sie kann durch Nähe und Gespräche wachsen und wird durch Verbote und Befehle in ihrer Balance leicht gestört. Es geht darum, mit den Kindern auf Augenhöhe zu kommunizieren und gemeinsam immer wieder neue Lösungen für die Herausforderungen des Alltags zu finden. Bindungsorientiertes Familienleben ist also das Gegenteil von reflexartigen »Wenn-dann«-Erpressungen, der grundsätzlichen Idee der Strafe und auch Regeln und Befehlen, die Eltern durch ihre Machtposition pauschal über Kindern abwerfen.

Klingt kompliziert? Ist es eigentlich gar nicht. Aber es ist – zumindest für Menschen wie mich, die in ihrem eigenen Elternhaus vor allem behavioristisch geprägt wurden, also in einer klaren Eltern-Kinder-Hierarchie und in einem System aus Belohnen und Strafen – schon auch immer wieder sehr schwierig! Denn bindungsorientierte Ansätze schlagen uns nicht einfach ein paar neue Regeln oder Tipps vor. Ausgangspunkt ist vielmehr, dass jedes Kind unterschiedlich ist und deshalb einheitliche Ratschläge ziemlich wertlos sind. Hinter bindungsorientierten Modellen steckt somit ein Haltungswandel von gesellschaftlicher Dimension: Die Bedürfnisse und damit Rechte von Kindern gelten gegenüber denen der Erwachsenen als gleichwertig. Es geht nicht mehr darum, Kinder mittels positiver oder negativer Konsequenzen zu er-ziehen, sondern in Be-ziehung zu den Kindern zu gehen.

Ein Irrtum, den ich immer wieder beobachte, besteht darin, zu denken, dass diese Beziehungsarbeit irgendwie leichter oder nachlässiger sei als die klassische Erziehungsarbeit und deswegen »zu lax«. Also zu glauben, bindungsorientiert heiße einfach »weniger streng« und der Rest komme von ganz alleine. Oder das Konzept tauge sowieso wenig, da Kinder einfach machen können, was sie wollen und so zu ungezogenen kleinen Tyrannen heranwachsen. Beziehungsarbeit, so wie ich sie verstehe, erfordert oft deutlich mehr Empathie, Engagement und schlicht und einfach Zeit als das autoritäre Regelfeuerwerk klassischer behavioristischer Denkschulen, auf denen bis vor wenigen Jahren die allermeisten Erziehungsweisheiten basierten.

Was aber, wenn man die Idee der Beziehungsarbeit zwar verstanden und in konzentrierten Momenten auch verinnerlicht hat, in der Praxis aber doch immer wieder scheitert? Und aus Gewohnheit oder eigener tiefer Prägung »Wenn du nicht aufräumst, gibt's nachher kein Ninjago!« schreit? Die dauernde Verwendung von »Wenn-dann«-Sätzen ist ein einfacher Hinweis auf ungleiche Beziehungsverhältnisse zwischen Kindern und Erwachsenen. Und trotzdem passiert mir ein »Wenn-dann« andauernd, wenn ich nicht aufpasse.

Ein in meinem Familienalltag sehr hilfreicher Moment für den Umgang mit diesem dauernden Scheitern war ein Gespräch mit meinem Freund, in dem wir uns gegenseitig eingestanden haben, oft einfach zu kraftlos zu sein, um wirklich zugewandt zu agieren. Wir sind in diesen Momenten zu müde, erschöpft oder abgelenkt, um empathisch und in engem Kontakt mit dem Kind gemeinsam nach Lösungen zu suchen. Für bestimmte, immer wiederkehrende Konfliktsituationen einigen wir uns als Familie deshalb auf Regeln, die verbindlich gelten und nicht jedes Mal neu besprochen werden müssen. Diese Regeln bzw. gemeinsamen Vereinbarungen, die sich auch in ständigem Wandel befinden dürfen, heißen »Eis-Regeln« bei uns, weil es in der ersten, die wir je so aufgestellt haben, um das Thema Eis essen ging.

Die Zehn-Grad-Verabredung ist also ein Beispiel für das grundsätzliche Prinzip, wiederkehrende Konfliktsituationen im Familienrat in einem Moment ohne akute Dringlichkeit zu besprechen. Dabei werden gemeinsame und verbindliche Regeln aufgestellt, bei denen die Kinder gleichberechtigt mitentscheiden können. In der akuten Situation benennt die Familie dann die gemeinsam erarbeitete Regel. Dabei dürfen nicht nur die Kinder die Eltern »kontrollieren«. Es bestimmen auch alle gemeinsam, wann es Zeit wird, die Regel über den Haufen zu schmeißen oder neu zu interpretieren.

Die Zehn-Grad-Verabredung ist sehr einfach, aber enorm entspannend, denn sie verhindert alle Diskussionen um das heiße Thema Eis! Bei uns gilt sie im Alltag, andere Familien verwenden sie nur im Urlaub und sind an normalen Tagen strenger. Egal wie: Es geht darum, eine für alle nachvollziehbare Abmachung zu den allseits beliebten und köstlichen Zuckerbomben zu finden und gleichzeitig ein kleines Highlight in den Sommertag zu bringen.
Die sehr simple Zehn-Grad-Verabredung besagt, dass man ab zwanzig Grad Außentemperatur ein Eis am Tag essen darf. Also alle: Eltern

und Kinder. Ab dreißig Grad gibt es zwei Eis für jeden. Klettert das Thermometer, wie es ja leider in den vergangenen Jahren doch immer wieder auch bei uns vorgekommen ist, über vierzig Grad, darf jeder sogar drei Eis essen. Hitzeperioden werden dank dieser Regel recht kostspielig. Dann hilft nur, sich größere Packungen aus dem Großmarkt in die Tiefkühltruhe zu legen. Denn: Ein Leben ohne Eis ist machbar, aber sinnlos. Und das gilt nun wirklich für nahezu alle Menschen.

AUF EINEN BLICK

Kleine Fluchten (1): Die Zehn-Grad-Verabredung
Vorbereitungszeit: keine
Umsetzbarkeit (auf einer Skala von 1 bis 6): 1
Kosten: Kugelpreis x Kinderzahl x Temperatur in Zehnerschritten
Gefahr: dass drei Eis pro Tag irgendwann wegen der Klima-Erhitzung zur Selbstverständlichkeit werden
Gewinn: Keine Diskussionen um das Thema Eis. Kinder lernen das Thermometer lesen.
Das sagen die Kinder: »Es fühlt sich heute nach drei Eis an!«

KLEINE FLUCHTEN 2

ERLAUBNISKÄRTCHEN FÜR ELTERN

Warum Mitgefühl mit sich selbst so wichtig ist

Interessant wäre es, in Ihren Elternkopf zu gucken, nachdem Sie die erste kleine Flucht gelesen haben. Ich wüsste gern, ob Sie die Zehn-Grad-Verabredung vor allem als praktische Idee im Umgang mit Ihren Kindern lesen oder auch in Bezug auf sich selbst. Erlauben Sie sich an einem Sommertag bei 40,1 Grad drei Eis? Eltern suchen für ihre Kinder permanent nach funktionierenden Regeln, Abmachungen und Erleichterungen, achten aber gleichzeitig viel zu wenig auf sich selbst. Dabei ist das genauso wichtig.

Während wir einerseits wollen, dass unsere Kinder zu starken, selbstbewussten Menschen heranwachsen, reden wir uns selbst gleichzeitig ein, dauernd perfekt sein zu müssen. Sind wir es nicht, geißeln wir uns und hassen uns im schlimmsten Fall dafür – Essen, Fernsehen, Schimpfen, zu faul zum Joggen zu sein. Gerade Frauen und ganz besonders Mütter haben starke innere Schutzmechanismen entwickelt, alles, was man sich nicht erlauben oder wofür man sich schämen könnte, nicht zuzulassen oder zu verdrängen. Die erfolgreiche amerikanische Sachbuchautorin Brené Brown, die seit Jahren zu den Themen Empathie und Scham uns selbst gegenüber forscht, sagt: Erst wenn wir diese Schutzmechanismen aufgeben, also »Verletzlichkeit« zeigen und mitfühlend mit uns selbst sind, können wir innerlich wachsen und als Eltern gute Vorbilder sein. Die Mutter zweier Töchter erklärt: »Natürlich kann man seine Tochter ermutigen, den eigenen Körper zu lieben. Aber was wirklich zählt, ist, was die Tochter sieht, wenn sie mich als Mutter und meine Beziehung zu meinem Körper beobachtet. Die Frage ist nicht so sehr: Erziehst du auf die richtige Art und Weise? Die Frage ist vielmehr: Sind Sie der Erwachsene, zu dem Ihr Kind irgendwann mal werden möchte?«

Mehr als zehn Millionen Menschen haben den TED-Talk »Die Macht der Verletzlichkeit« aus dem Jahr 2010 gesehen, in dem Brown ihre Zuhörer*innen dazu aufruft, den Mut zu haben, unperfekt zu sein. Aber es ist nicht einfach, die ständige Selbstverbesserung und das Streben nach Perfektion aufzugeben, die uns die Gesellschaft ununterbrochen einreden. Wir sind nie dünn genug, besonders genug, gut genug – bis wir uns dazu entscheiden, es eben doch zu sein. Klingt gut – und doch auch ein bisschen nach amerikanischen Bestseller-Selbstverständlichkeiten? Ja und nein. Denn erst wenn wir uns die Frage stellen, ob wir uns genug um uns selbst kümmern, kann der Familienstress nachlassen. Damit Eltern sich entspannen, ist es elementar, dass sie nachsichtig, liebevoll und verzeihend mit sich selbst umgehen. Wir könnten wenigstens versuchen, uns zwei Eis zu gönnen, wenn es 30 Grad hat. Oder, viel schwieriger, uns verzeihen, wenn wir ungerecht, egoistisch, launisch, weinerlich, perfektionistisch oder ganz einfach blöd unseren Kindern gegenüber sind. Nur wenn wir es uns selbst verzeihen, können wir auch anderen verzeihen.

Auch die deutsche Autorin Nora Imlau ruft Eltern in ihren Büchern, Werkstätten und Social-Media-Kanälen regelmäßig dazu auf, es sich leichter zu machen, vor allem aber es sich zu erlauben, es sich leichter zu machen. Ohne schlechtes Gewissen, weil die Kinder mal nur Blödsinn essen, viel zu lange vor der Glotze hängen oder das Baby den ganzen Tag schnullert statt nur zum Einschlafen. Nora Imlau appelliert an uns, das, was ist, mehr wertzuschätzen – und nicht immer nur das zu sehen, was nicht funktioniert. Auf Instagram schreibt Nora Imlau zum Beispiel im November 2019: »Die allermeisten Eltern, die ein schlechtes Gewissen haben (…) sind liebevolle, engagierte Menschen, deren Kinder geborgen und geliebt groß werden. Die backen und rausgehen – und dann Schuldgefühle haben, wenn sie ihren eigenen hohen Ansprüchen nicht genügen. Weil ihr Kleinkind mal zwei Stunden am Stück Tablet guckt, während sie krank sind. Oder weil es die geschenkten Smarties liebt, obwohl die von der bösen Marke mit N sind und obwohl es heute schon ein großes Eis hatte. Ich möchte ihnen zurufen: Eure Kinder haben mit ihrer Kindheit mit euch das ganz große Los gezogen – fühlt euch nicht schlecht, seid stolz auf euch!«

Von Brené Brown und Nora Imlau ist auch die folgende Idee mit den Erlaubniskärtchen inspiriert. Die Kärtchen sind eine Alltags-Entlastungsidee für all jene Mütter und Väter, die sich mit dem Genug-Sein schwer tun und Schuldgefühle in ihrer Elternrolle gut kennen. Ausgehend von der Beobachtung, dass man als »Erziehungsberechtigte«, wie es so schön heißt, seinen Kindern andauernd für irgendetwas die Erlaubnis gibt, drehen wir den Spieß um: Zur Abwechslung schreiben Sie sich mal selbst Erlaubniskärtchen. Statt »Leo darf am Schwimmunterricht teilnehmen« steht jetzt da: »Ich darf auch mal ausflippen, wenn mir alles grad zu viel ist.« Dann hängen Sie den Zettel an den Kühlschrank. Oder: »Ich darf die Kinder auch mal mit fünf Folgen Paw Patrol bestechen, wenn ich will, dass sie nachher ihr Zimmer aufräumen, und heute keine Kraft mehr habe, sie anders zu motivieren.« Oder: »Ich darf heute Wienerle aus der Packung zum Abendessen kochen und selbst vier Stück essen, weil ich einfach Lust drauf hab.« Oder: »Ich habe zu meinem Mann heute

Morgen vor den Kindern ›Depp‹ gesagt. Das ist nicht schön. Aber es ist passiert. Und es darf auch mal passieren.« Natürlich, ja, alles in Maßen. Aber wenn Sie dieses Kapitel bis hierhin gelesen haben, dann ist das Maß für Sie eine viel kleinere Herausforderung als das Thema Selbsterlaubnis. Andauernd ein schlechtes Gewissen zu haben, plagt viele Eltern heute viel mehr, als das, was passieren kann, wenn ein Kleinkind mal eine Stunde lang auf ein Handy schaut.

Muss ich mir diese Erlaubnis unbedingt aufschreiben? Natürlich nicht. Sie können sich die Kärtchen auch in Ihren Kopf notieren. Oder am besten: direkt ins Herz. Aber es ist für viele von uns gar nicht so einfach, da direkt hinzukommen. Ein schönes Kärtchen, das am Kühlschrank hängt und einem ins Bewusstsein ruft, dass man »gut genug« ist – das ist ein Anfang. Und eine Erinnerung daran, immer weiter zu üben, mit sich selbst gnädig zu sein.

AUF EINEN BLICK

Kleine Fluchten (2): Erlaubniskärtchen für Eltern
Vorbereitungszeit: einen Abend für Nachdenken und Kärtchen schreiben
Umsetzbarkeit (auf einer Skala von 1 bis 6): 2
Kosten: Papier
Gefahr: Sie trauen sich nicht, die Kärtchen an den Kühlschrank zu hängen? Genau das wäre die Challenge! Oder Sie erlauben es sich bewusst, sich gerade nicht zu trauen, die Kärtchen an den Kühlschrank zu hängen.
Gewinn: Selbstliebe.
Das sagen die Kinder: »Darf ich auch einen Gutschein für drei Popetroool haben?«

KLEINE FLUCHTEN 3

SCHREIBEN SIE MAL WIEDER EINE LISTE!

Brief an mich als Oma

Gerne heißt es, dass sich Elternsein auch deshalb so anstrengend anfühlt, weil das Prinzip Großfamilie nicht mehr richtig funktioniert. Die meisten Erwachsenen leben nicht mehr mit den eigenen Eltern unter einem Dach, im Gegenteil: Noch nie zuvor wohnten sie so weit entfernt von ihnen, wenn die eigenen Kinder auf die Welt kamen. Der Satz »Wir haben halt keine Großeltern hier« ist ein häufiges Zitat, wenn es um Arbeitszeiten, Entspannungsmöglichkeiten und Babysitter-Kosten geht. Und es stimmt ja auch: Nicht einmal Geld kann das Problem lösen, das arbeitenden Eltern ab dem Krippenstart immer wieder auf die Füße fällt. Unruhige Nacht, ein 38 Grad heißer Kinderkopf am Morgen, ein wichtiges Meeting bei Mama um zehn Uhr plus eine Geschäftsreise bei Papa, der Zug geht in zwei Stunden. Sicher gibt es Sozialdienste, Mary-Poppins-Vereine und Feuerwehrangebote, die genau für diese Situation gedacht sind. Aber den fiebrigen Einjährigen einer wildfremden Person in die Hand zu drücken, ist nicht jedermanns Sache. Einzige Rettung, wenn sie denn vor Ort ist: die Oma, und zum Glück immer öfter auch der Opa. Viel Mitgefühl und eine Portion Extrakräfte seien an dieser Stelle all jenen ausgesprochen, die ihre Kinder ohne Großeltern-Unterstützung großziehen. Ja, es macht einen Unterschied.

Alle, die das Glück haben, in der Nähe ihrer Eltern zu wohnen – oder sie zumindest nah im Leben zu haben, bekommen aber sicher auch das zweite omnipräsente Großeltern-Merkmal zu spüren: Sie können wahnsinnig nerven. Es ist ein schier unlösbares Dilemma, dass es niemanden gibt, der uns mit Kindern so gut, zuverlässig, spontan und voller Liebe helfen kann. Gleichzeitig kann genau diese Nähe, die wiederkehrende Abhängigkeit von den eigenen Eltern oder Schwiegereltern, sehr anstrengend sein. Gewinn und Preis – das Spiel in Reinform. Man gewinnt: Zehn-Uhr-Meeting doch noch knapp geschafft; anständige Winterschuhe für Kind zwei in Nagelneu; endlich mal wieder ins Kino zu zweit oder ein Tag in den Bergen als Paar, fast so wie früher. Der Preis (meine Mutter, aber beliebig austauschbar mit Nervsätzen der eigenen Eltern): »Mach doch mal einen Reistag!« (schon in der Schwangerschaft). Über Jahre, jedes Mal, wenn sie dran vorbeigeht: »Also die olle Keramikvase, die kannst du jetzt wirklich mal wegtun.« Oder: »So ein bisschen Gelbwurst hat noch keinem Kind geschadet«, während ein Zweijähriges direkt vor dem Abendessen 200 Gramm Wurst ohne Brot in sich hineindrückt.

Eine Methode, um sich selbst zu sortieren, die Nerven zu beruhigen und das Gefühl zurückzugewinnen, die Dinge einigermaßen unter Kontrolle zu haben, ist für mich (und Millionen andere Menschen) schon immer, Listen zu schreiben. Als Kind verfasste ich in meinem Tagebuch detailgenaue Mahlzeitenlisten, ich zählte meine Lieblingsstofftiere auf und später (ewig unerwiderte) Verliebtheiten. Es gab sogar Zeiten, in denen ich jeden Eintrag benotete.

In einem meiner Tagebücher gibt es vorne in den Deckel hineingeschrieben eine Liste mit der Überschrift »Auf dass ich's später besser mache«. Aus heutiger Perspektive ist es meine Lieblingsliste in allen Tagebüchern. Es handelt sich um eine Aneinanderreihung von Tipps an mich selbst, sollte ich jemals in die Rolle der Mutter oder Erziehenden kommen: eine Gebrauchsanweisung in 15 Punkten von mir als Zehnjährige an mich als erwachsene Frau. Darauf steht zum Beispiel:

1. »Wenn einem Kind im Auto schlecht wird, sollte man das Radio anmachen und wenn möglich das Fenster auf.«
2. »Ein Mädchen kann sich mit neun Jahren schon richtig verlieben. Das muss ernst genommen werden.«
3. »Als Kind muss man das Gefühl haben, dass die Eltern (bes. Mutter) alles weniger schlimm finden. Zum Beispiel bei dem Tod eines Haustiers sollte die Mutter nicht vor dem Kind weinen.«

…

Alle 15 Punkte sind in schönster Handschrift verfasst – und seit über dreißig Jahren tief in meinem Kopf verankert. Als Kind kamen sie aus meinem Innersten. Heute sind sie eine kleine Anleitung von außen, der ich viel Gültigkeit zugestehe. »Soll ich das Fenster öffnen?«, frage ich im Auto meine Kinder während wilder Bergfahrten andauernd und drehe die Musik etwas lauter. Nur das mit dem nicht Weinen schaffe ich nicht ganz. Da würde ich meinem Kinder-Ich aus heutiger Sicht auch widersprechen, denn ich finde es durchaus akzeptabel, wenn Kinder hin und wieder sehen, dass auch Eltern traurig sind. Trotzdem weiß ich natürlich noch genau, was mein Kinder-Ich meinte. Dank der Liste kann ich es besser erklären, wenn mir beim *Dumbo*-Gucken neben den Kindern auf dem Sofa die Tränen über die Backen laufen.

Was auffällt beim Lesen der alten Tagebücher: Wie unendlich weit weg und fremd dieses kleine Ich, das damals geschrieben hat, meinem jetzigen Ich ist. Mit jedem Lebensabschnitt rückt es weiter in die Ferne. Als Studentin waren mir die Texte unheimlich peinlich, sodass ich sie tief unten in der Bettkiste versteckte, damit ja kein Freund sie aus Versehen in die Hände bekam. Heute finde ich sie eher niedlich. Gleichzeitig bin ich selbst so peinlich geworden, dass ich meinem Sohn letztens vor seiner Klassenfahrt anbot, ob er nicht mein Tagebuchkapitel »We will rock you: eine Woche Landschulheim in Siegsdorf« von 1987 mit mir lesen möchte. Es war als nettes Gesprächsangebot gemeint, aber er lehnte dankend ab. So bleibt die »Auf dass ich's später besser mache«-Liste ein kleiner Schatz nur für mich, ein geglückter Versuch, zwischen meinem kindlichen und meinem jetzigen Ich zu kommunizieren.

*Seit etwa zwei Jahren schreibe ich zum Abregen an einer besonderen Entspannungsliste, die so etwas wie eine Erweiterung dieser kindlichen Merkliste geworden ist. Immer dann, wenn mir Eltern oder Schwiegereltern wieder einmal so sehr auf den Keks gehen, dass ich am liebsten die Kinder packen und nie mehr mit einem »Könntest du vielleicht ...?« bei ihnen anrufen würde, öffne ich ein Worddokument auf meinem Computer, das Brief an mich als Oma heißt. Die Liste ist schon über 40 Punkte lang. Zum Beispiel Punkt 3: »Sei ein Urlaub für deine Kinder«, Punkt 12: »Parkplatzsuch- und mitteldringende Krankheitsgeschichten möglichst unter 60 Sekunden halten« oder Punkt 17: »Terminsachen immer mit dem eigenen Kind besprechen, nicht mit dessen besser organisiertem Partner*in«. Wichtig erscheinen mir aus heutiger Sicht auch Punkt 21: »Gib dein Geld aus! Das Beste, was man seinen Kindern schenken kann, ist es, eine glückliche alte Oma zu sein«, oder Punkt 30: »Schreib weiter Postkarten, auch wenn sich nie jemand bedankt.« Punkt 33 lautet: »Mische dich nicht in Dinge ein, in die du dich bei anderen erwachsenen Menschen auch nicht einmischen würdest: Ordnung, Gewicht, Aussehen, Geldthemen, Beziehungsvorlieben. Dein Kind ist erwachsen. Und immer schon: ein eigener Mensch.«*

Mir hilft es ungemein, diese Liste zu schreiben, um tolerant und, ja, liebevoll gegenüber meinen Eltern und Schwiegereltern (und am Ende gegenüber mir selbst) zu sein. Sie ist mein Ventil, wenn sie mich aufregen. Die Liste ist auch eine Antwort auf die immer wiederkehrende Frage, wie es sein kann, dass sich Großeltern so einmischen. Die müssen sich doch irgendwie erinnern, wie es damals war! Oder nicht? Die Liste hilft, dass ich mich selbst irgendwann mal erinnern werde. Das beruhigt mich. Denn natürlich ist ein Teil der Genervtheit auch die Ahnung, wie schnell es passieren kann, dass man selbst mal genauso wird. Die Frage, wie man das verhindern kann, beschäftigt mich. Die Liste gibt mir Halt. Als könnte ich für mich als Oma ein paar Meter Wissensvorsprung herausschlagen.
Wahrscheinlicher ist selbstverständlich etwas anderes. Wahrscheinlich ist, dass ich etwa 794 Punkte auf der Liste vergesse, über die meine Kinder und Enkelkinder dann in 40 Jahren die Augen rollen werden. Dinge, auf die ich überhaupt nicht komme. Was würden meine Kinder heute auf ihre »Auf dass ich's später besser mache«-Liste schreiben? Ich bin sicher, das meiste käme aus heiterstem Himmel für mich. Oder noch verrückter: Womöglich läge zum Beispiel dem Zwölfjährigen im Moment nichts ferner, als über den Inhalt einer solchen Liste nachzudenken. Letztens zum Beispiel habe ich ihn mal wieder gefragt, ob er schon verliebt sei. Augenrollen, stöhnendes Geräusch, abwehrende Handbewegung. »Mama, ich bin zwölf!«, hat er gesagt. »Da ist man noch nicht verliebt. Jetzt glaub's mir halt endlich mal …«

Falls Sie das Listen-Prinzip mögen, aber die Oma-Liste nicht: Eine tolle Listen-Idee hatte auch die Journalistin Ilka Piepgras im *Zeit Magazin*. Unter dem Titel »Vielleicht geht ja noch was« schrieb sie über die Wehmut, die einen als Mutter überkommt, wenn die Kinder mal 17 und damit fast aus dem Haus sind: »Auf meinem Handy führe ich seit einiger Zeit eine Liste mit Dingen, die ich gern noch machen möchte, bevor die Kinder ausziehen. Kochen beibringen steht da zum Beispiel, denn außer Pasta und Pfannkuchen können sie nichts. Möglichst oft noch Louis de Funès in *Rabbi Jakob* und andere steinalte Filme zusammen anschauen. Auch Bendlerblock und Stasi-Knast habe ich notiert – zwei Gedenkstätten in Berlin, die wir all die Jahre besuchen wollten, aber immer ist etwas dazwischengekommen. Mir ihren Gesichtsausdruck einprägen, wenn sie morgens verschlafen aus ihren Höhlen kriechen. Mehr miteinander über Politik sprechen. Überhaupt mehr miteinander sprechen. Entspannt und zugewandt miteinander sprechen. Solche Sachen nehme ich mir für den Endspurt vor. Vielleicht geht ja noch was.«

AUF EINEN BLICK

Kleine Fluchten (3): Schreiben Sie mal wieder eine Liste!

Vorbereitungszeit: ab und an immer mal wieder fünf Minuten

Umsetzbarkeit (auf einer Skala von 1 bis 6): 2

Kosten: keine

Gefahr: Man fühlt sich manchmal sehr streng dabei, sich selbst eine Liste für später zu schreiben.

Gewinn: Niemand wird je wieder so ehrlich zu uns selbst als Oma sein.

Das sagen die Kinder: »Mama, Oma sagt, sie hat das Internet kaputt gemacht. Kannst du es reparieren?«

VON UNTERWEGS

»Fernweh wird immer ein Teil von uns bleiben«

Nils (25)*, Einkäufer, Hannah (24), Sozialassistentin im Waldorfkindergarten, und Levi (5) Thele haben den Fragenkatalog zu den »Großen Fluchten« via E-Mail aus Indien beantwortet, direkt von ihrer Weltreise. Sie saßen dabei, geschützt vor der Mittagshitze, auf ihrem Balkon, mit freiem Blick aufs Meer, wo ab und zu Delfine vorbeizogen. Mehr über die Reise von Familie Thele, deren Namen geändert wurde, kann man auf https://familieaufreise.travel.blog/ oder auf Instagram @losgerollt nachlesen.

* Alle Altersangaben in den Großen Fluchten beziehen sich auf den Moment der Interviews, die im Winter 2019/2020 geführt wurden.

Wie ist das Wetter in Indien?

Es ist heiß! Aber hier auf dem Balkon geht es. Und der Tee tut gut. Ab und zu kommt Levi vorbei, der dann aber auch gleich wieder verschwindet, nach unten, um mit Freunden zu spielen.

Ihr seid schon vier Monate unterwegs, wo wart ihr überall?

Auf Bali, in Sri Lanka und in Indien. Als Nächstes geht es für uns nach Thailand, weil wir uns dort mit einem Teil von Hannahs Familie treffen. Die machen da Urlaub. Von dort aus ziehen wir weiter durch Südostasien. Danach möchten wir gerne nach China und Japan und später noch nach Afrika, Mittel- und Südamerika. Sollte am Ende noch Zeit sein, liebäugeln wir mit Island und Marokko.

Oh, noch viel vor!

Ja, aber wir haben auch viel Zeit. Wir werden voraussichtlich noch ein gutes Jahr unterwegs sein.

Wann und in welcher Situation hattet ihr das erste Mal die Idee für diese lange Reise?

Hannah hat schon als Kind davon geträumt, die Welt zu bereisen und hat uns nach und nach als Familie mit ihrem Fernweh angesteckt. Konkreter wurde unser Plan, als es gesundheitliche Probleme gab und wir unseren Alltag mit Kind – Arbeit – Haushalt nur noch als Belastung empfunden haben.

Wie lange hat die Planung von der Idee bis zur Umsetzung gedauert?

Dazwischen lag gar nicht viel Zeit. Tatsächlich waren es weniger als vier Monate.

Was war eure größte Sorge zu Beginn?

Nils größte Sorge bestand darin, ob wir überall auf der Welt an Geld kommen würden, sprich, ob unsere Kreditkarten überall funktionieren werden. Hannahs Sorge bestand darin, ob wir bis zur Abreise genügend Geld zusammengespart haben, um uns unseren Traum leisten zu können.

Was ist heute eure größte Sorge?

So richtige Sorgen haben wir im Moment nicht. Allerdings bleibt die Frage, wie wohl die Rückkehr nach so einer langen Zeit nach Deutschland werden wird, also, wie wir uns wieder einfinden können.

Was war bisher der schönste Moment auf der Reise als Familie?

Der schönste Tag war Levis fünfter Geburtstag, den wir im Norden von Bali gefeiert haben.
Generell genießen wir die Herzlichkeit, mit der wir überall aufgenommen werden. Wir finden überall Anschluss und haben unvergessliche Kontakte knüpfen können, echte Freunde gefunden. Und Schnorcheln mit Mantarochen bei Nusa Penida, einer Insel nahe Bali, das war faszinierend.

Was war bisher der schwierigste Moment als Familie?

Schwierig ist es, wenn man keine geeignete Unterkunft findet und wenn jemand krank wird. Krank zusammen in einem Raum hat hohes Konfliktpotenzial.

Was kostet die Reise?

Wir haben im Vorfeld für uns drei mit circa 30 Euro pro Tag gerechnet. Flüge und Aktivitäten kommen extra, da man die nie pauschal berechnen kann. Bisher kommen wir mit unserem Geld super hin.

Wie finanziert ihr das?

Wir haben Geld gespart und bekommen außerdem monatlich Einnahmen rein, weil wir unser Haus während der Reise untervermietet haben.

Was ist mit den Jobs zu Hause, während ihr weg seid?

Für die Reise haben wir unsere Jobs gekündigt.

War das schwierig, einfach zu kündigen?

Unsere Arbeitgeber haben sehr verständnisvoll reagiert und uns alles Liebe gewünscht. Total traurig war es aber, sich von lieben Kollegen zu verabschieden.

Und wie hat das sonstige Umfeld reagiert?

Gemischt! Manche haben sich total gefreut, andere hatten Zweifel und hätten uns am liebsten nicht gehen lassen …

Wo seid ihr als Familie in zehn Jahren?

Das ist eine gute Frage. Keine Ahnung! Aber wir hätten gerne noch ein weiteres Kind und möchten auch in Zukunft so viel von der Welt entdecken wie möglich.

Was sind die drei wichtigsten Dinge, die ihr bisher auf der Reise gelernt habt?

Erstens: Irgendwie wird alles gut, die Dinge fügen sich ganz von alleine. Es gibt immer mehrere Wege, um sein Ziel zu erreichen. Zweitens: Man bekommt, was man gibt. Wenn man auf Menschen zugeht, sind sie auch im Gegenzug offen. Und drittens: Wir haben es in Deutschland und Europa wirklich gut. Das Ungleichgewicht in der Welt ist bedrückend. Das war uns natürlich vorher schon bewusst, aber man spürt es anders, wenn man es sieht.

Was braucht man, als familiäre Eigenschaften sozusagen, um so etwas zu wagen?

Mut, nicht allzu hohe Ansprüche, Flexibilität, Interesse und Vertrauen in die Welt und in sich selber.

Welcher Hinderungsgrund ist der dümmste?

Wir haben schon so oft die Argumente gehört, dass man keine Zeit und kein Geld für eine solche Reise hat. Allerdings ist das alles eine Frage des Blickwinkels und wie man seine Prioritäten setzt. An vielen Orten der Welt braucht man viel weniger Geld zum Leben als in Deutschland. Und wenn man in Deutschland darauf verzichtet, sich neue teure Dinge zu kaufen, essen zu gehen, feiern zu gehen, kann man sich das nötige Geld relativ schnell zusammensparen. Wir haben es auch geschafft, ohne dass wir ein hohes Gehalt haben. Wir denken, viele haben auch einfach Angst vor dem Unbekannten. Aber wo ein Wille, da auch ein Weg.

Womit hättet ihr niemals gerechnet?

Im Vergleich zu vorherigen Reisen: wie viel schneller man mit einem Kind mit anderen Menschen in Kontakt kommt.

Welches ist das beste Reisebuch, das ihr dabei habt?

Das sind definitiv die Bücher Bärti muss mit! *von Janina Breitling und* Eine Million Minuten *von Wolf Küper. Beide Bücher sind sehr inspirierend.*

Was nervt am meisten unterwegs?

Am häufigsten nervt uns die Suche nach Unterkünften. Das kann schon ganz schön anstrengend sein, wenn man selbst nach stundenlanger Suche noch nicht das Richtige für sich gefunden hat. Außerdem ist es immer wieder eine Herausforderung, sich anfangs an den neuen Orten zurechtzufinden. Manchmal bleiben wir deshalb auch länger an einem Ort.

Wann bekommt ihr Heimweh?

Levi bekommt manchmal Heimweh, wenn er an seine Freunde denkt und mancherorts nicht so viele Kinder zum Spielen findet, und Nils bekommt Heimweh, wenn er an bestimmte Dinge in Deutschland denkt, wie den Herbst, Weihnachten oder den Kramermarkt.

Was hilft gegen Heimweh?

Für Levi haben wir ein Fotoalbum mit Fotos von seinen Liebsten mitgenommen. Generell hilft außerdem der regelmäßige Kontakt zu Familie und Freunden nach Deutschland. Außerdem halten wir uns in solchen Momenten vor Augen, dass wir anderenfalls wohl gerade arbeiten müssten, unser Kind nicht sehen könnten und wahrscheinlich gerade frieren würden. Aber so können wir die gemeinsame Zeit genießen, kurze Kleidung anziehen und jederzeit schwimmen gehen. Und das macht alles wett.

Worauf freut ihr euch zu Hause?

Natürlich auf unsere Familie und Freunde. Außerdem auf Trinkwasser aus der Leitung und unser Lieblingsessen. Grünkohl, Kürbissuppe, Nudeln mit Bolognese, ein gutes Vollkornbrot mit leckerem Aufstrich … Und Nils vermisst auch Bratwurst und Kartoffelsalat.

Was wird nie mehr so sein wie zuvor?

Da wir jetzt Freunde und Bekannte in aller Welt haben, werden wir wohl nie wieder ganz zu Hause ankommen können. Außerdem werden wir noch viel bewusster und rücksichtsvoller mit Ressourcen umgehen. Auch hoffen wir, die Gastfreundschaft mit nach Hause zu nehmen und weitergeben zu können. Aber Fernweh wird wohl immer ein Teil von uns bleiben.

Was kommt als Nächstes?

Levi wird in die Schule kommen, wir wünschen uns ein Geschwisterchen für ihn und hoffentlich warten noch weitere große Abenteuer und Reisen auf uns. Vielleicht ja sogar in Zukunft in einem selbst ausgebauten Van?

KLEINE FLUCHTEN 4

SAGEN SIE EINE WOCHE LANG ALLES AB

Warum Familienzeit wichtiger ist als der Familienkalender

Erinnern Sie sich an diesen einen Besuch während des Wochenbetts, kurz nach der Geburt Ihres ersten Kindes? Nennen wir den Gast M. M. ist noch kinderlos, lustig und immer gern gesehen. Gerade hat sie eine spontane Handynachricht geschrieben, sie sei nur um die Ecke und komme gleich mal vorbei zum Baby gucken. Wenig später sitzt sie in ihrer straßenbahndreckigen Jeans auf der Bettkante und redet und lacht ohne Atempause. Huhu, Winzling! Dann erzählt sie, wie blöd ihre Chefin gestern war und dass es im *Molos* mal wieder gar nicht geschmeckt hat. Die Freundin tut so, als läge da gar kein vier Tage alter Säugling im Arm des Vaters, auf dessen kleinsten Mucks die Eltern achten möchten, der Ruhe braucht, Konzentration, den Busen – nur die vielen Geschichten von M., die braucht er nicht. Aber M. geht nicht. Sie bleibt erst mal und macht sich noch einen Kaffee.

Erinnern Sie sich an das vollkommen neue Gefühl, diese eigentlich geliebte Freundin aus der Wohnung katapultieren zu wollen? An die Unfähigkeit, überhaupt zu reagieren – weil das Bedürfnis, als Familie unter sich zu sein, noch so ungewohnt war? Egal wie frei und offen wir Familie definieren: In dem Moment, in dem wir Eltern werden, gibt es einen neuen Raum, der Aufmerksamkeit braucht. Man kann ihn »innere Familie« nennen. Es geht dabei nicht darum, irgendjemanden auszuschließen. Es geht um das Einschließende, das viele von uns in der Wochenbettsituation das erste Mal deutlich spüren. Es gibt nun für immer einen Kern von Menschen, zu denen wir in einer besonderen Beziehung stehen. Die innere Familie, das sind die Menschen, vor denen man nackt herumläuft, ungeschminkt, unkontrolliert. Unter denen wir vollkommen wir selbst sind – manchmal auch in unserer grantigsten Version. Denn es sind auch die Menschen, die wir im Alltagsstress am schnellsten für selbstverständlich nehmen, weil sie ja sowieso da sind.

Im Wochenbett wird der familieneigene Raum sehr deutlich spürbar. Freundin M. tut uns insofern einen Gefallen, weil sie klarmacht: Achtung, hier gibt es eine Schutzzone. Im Laufe des Großwerdens als Familie begegnet uns diese Schutzzone dann immer wieder. Doch oft ist sie nicht mehr eindeutig spürbar. Die Grenzen sind durchlässig. Es ist schön, dass sich der Raum der inneren Familie nach außen öffnen und Glück hereinlassen kann. Manche Familien leben mit inneren Räumen ohne Wände, andere haben Stahlgitter davor. Alles ist möglich und erlaubt. Aber es ist wichtig, den Raum gut zu kennen und zu wissen, wann wir ihn aufmachen können und wann wir ihn vor äußeren Kräften schützen müssen.

Zum Glück werden wir schnell geübter darin: Den meisten Eltern, die beim ersten Kind Freundinnen oder Freunde wie M. stundenlang ans Wochenbett gelassen haben, passiert das beim zweiten nicht mehr. Sie machen einfach für ein paar Tage oder Wochen die Tür zu. Die Phase, in der wir keine oder nur sehr kurze Besuche haben möchten, dauert ja auch nicht allzu lang. Schon bald freuen wir uns, wieder unterwegs zu sein: Menschen zu sehen und dem Baby die Welt zu zeigen.

Wie wäre es, wenn der Familienstress mal wieder deutlich hochkocht, zur Abwechslung mal die Bremse reinzuhauen und für sieben Tage ein gemeinsam beschlossenes Wochenbett zu reinszenieren? In einer realistisch abgespeckten Alltagsversion: Arbeit, Kindergarten und Schule finden statt, aber alle Familienmitglieder verzichten auf darüber hinausgehende Verpflichtungen für diese Woche. Kein Montag-Abend-Yoga für Papa, kein Flötenunterricht für Linda und das Weintrinken mit Elisabeth lässt sich auch um zwei Wochen verschieben. Sagen Sie alles ab, auch am Wochenende. Und das Wichtigste: Schmieden Sie keine neuen Pläne. Eine Woche nur innere Familie. Wenn man es einmal umgesetzt hat, erleichtert oft schon das Wissen um diese Option den Alltag. Mit welcher Begründung Sie absagen sollen? Das ist natürlich Ihre Entscheidung, aber ich glaube: Auch hier währt Ehrlichkeit am längsten. Jeder, der ab und zu unter Alltagsdruck kommt, wird verstehen, wenn Sie schlicht und einfach etwas sagen wie: »Bei uns ist gerade wahnsinnig viel los. Wir haben das Gefühl, das Chaos im Moment nicht mehr im Griff zu haben. Daher wünschen wir uns ein bisschen Ruhe, um uns aufeinander konzentrieren zu können. Wir hoffen, dass es okay ist, dass wir uns deshalb erst übernächste Woche wiedersehen.«

Aber weshalb sind unsere Familienkalender eigentlich so voll, und wie können wir unseren Schutzraum im Alltag auch jenseits unserer abgesagten Woche längerfristig verteidigen? Ein erster Schritt wäre, uns zu fragen, wie sich die vielen Aktivitäten überhaupt in unser Leben hineingeschlichen haben – auch und ganz besonders die unserer Kinder. Ich glaube, dass das neben dem Thema Selbstoptimierung und Wettbewerb auch sehr viel mit unseren eigenen Erfahrungen und Bedürfnissen als Eltern zusammenhängt.

@kriegundfreitag

Dass ich zum Beispiel so dringend möchte, dass wenigstens eines von meinen Kindern Gitarre lernt, hat ganz sicher mit Marco zu tun. Marco war damals 18, Snowboarder und Sänger einer, wie ich fand, unfassbar coolen Indieband. Ich war 16, auch Snowboarderin, und fast mal so was wie Marcos Freundin. Einmal haben wir uns geküsst. Eine Woche später ist er leider mit meiner Freundin Dani zusammengekommen. Von diesem Moment an wollte ich unbedingt mal mit einem Musiker zusammen sein. Jetzt habe ich vier Kinder mit einem Musikredakteur, was nicht dasselbe ist. Und die Wahrheit ist auch: Wenn alles gut läuft in meinem Leben und meiner Liebe, dann bleibe ich bis ans Ende unserer Tage mit dem Musikredakteur zusammen. Was auch heißt: nie einen Musiker zum Freund. Aber bitte, bitte ein Kind, das irgendwann Gitarre spielen kann.

Eltern sollen die eigenen Selbstverwirklichungsideen nicht auf ihre Kinder übertragen, schon klar. Das ist nur gar nicht so einfach! Man muss sich der eigenen Prägungen dafür ziemlich genau bewusst sein. Erst wenn ich erkannt habe, weshalb mir der Gitarrenunterricht so wichtig ist, und dass dies möglicherweise mehr mit mir selbst als mit meinem Sohn zu tun hat, kann ich urteilsfrei beobachten, ob es meinem Kind auch wirklich Freude macht. Was sind meine eigenen Wünsche, meine ganz persönlichen Vorstellungen von einem glücklichen Leben – und welche Dinge, mit denen wir unseren Familienkalender vollstopfen, passieren aus dem Kind selbst heraus?

Vermutlich ist das sogar eine der größten Aufgaben, denen wir uns als Eltern stellen müssen: loslassen, Selbstständigkeit zulassen, die individuelle Persönlichkeit der Kinder sehen und sich frei entwickeln lassen – jenseits des Außendrucks, der elterlichen und der gesellschaftlichen Erwartungen. Für viele Familien vor allem bildungsnaher Schichten ist oft nicht mehr die Förderung der Kinder die schwierigste Elternaufgabe, sondern das Verhindern der Überförderung. Versuchen wir, den Terminkalender der ganzen Familie über die Jahre möglichst schlank zu halten, statt ihn immer weiter anzufüllen und dadurch zu wenig Zeit für gemeinsames Nichtstun zu haben. »Sagen Sie eine Woche alles ab« ist ein kleiner Anfang, der aber groß in der Wirkung sein kann. Oder mindestens: eine entspannende kleine Abwechslung.

AUF EINEN BLICK

Kleine Fluchten (4): Sagen Sie eine Woche lang alles ab

Vorbereitungszeit: je nach Alltagswahnsinn ein paar Anrufe und/oder ein paar E-Mails

Umsetzbarkeit (auf einer Skala von 1 bis 6): 2

Kosten: keine

Gefahr: »Wollen wir übernächste Woche noch mal alles absagen?«

Gewinn: Zeit, verschworene Verbundenheit, Langeweile

Das sagen die Kinder: »Du hast so weiche Wangen Mama, das hatte ich schon fast vergessen.«

KLEINE FLUCHTEN

DER BLAUE TAG

Über die positive Kraft der Möglichkeit

Mögen Sie Pippi Langstrumpf? Oder gar nicht? Es gibt in Europa vermutlich wenige Menschen, die keine Meinung zu Astrid Lindgrens berühmtester Kinderbuchfigur haben. Die meisten lieben sie für ihren Mut, ihre Freiheitsliebe, die radikale Autonomie und ihre Stärke. Ein paar andere stören sich an ihrer Aufdringlichkeit, der frechen Brutalität und womöglich auch an den Rassismen, die selbst aus der Version ohne das Wort »N*-König« nicht rauszukriegen sind.

Ich selbst gehöre zur zweiten Gruppe. Ich mochte Pippi schon als Kind nicht. Weniger wegen der Rassismen, die ich damals noch nicht verstanden habe, als vielmehr aus emotionalen Gründen. Mich irritierte Pippis unzuverlässige Art. Die Regellosigkeit, mit der sie ihre Welt auf den Kopf stellt. Das Lügen. Dass sie verkehrt herum, mit dem Kopf unter der Decke und den Füßen auf dem Kissen schläft – wo man doch mit der Decke über dem Kopf auch ganz leicht ersticken könnte. Die Tatsache, dass sie Schule einfach so blöd finden darf und dann nie mehr hingehen muss. Als Mädchen, das die Dinge gern geordnet hatte und immer verstehen wollte, was um sie herum passiert, konnte ich mit Pippis Regelbrüchen nicht umgehen. Es stresste mich regelrecht, die Konsequenzen, die all ihre Unsinnstaten haben könnten, dauernd für sie mitzudenken. Gleichzeitig war ich fast eifersüchtig auf ihre Freiheit im Kopf und darauf, dass sie sich einfach so das Recht herausnahm, auf all die Regeln zu pfeifen.

Ganz anders als ich: mein zweites Kind. Er liebt Pippi Langstrumpf inständig, wir mussten ihm den dicken Sammelband nun bereits zum dritten Mal vorlesen. Ich höre ihn selten so tief von innen heraus glucksen, wie wenn Pippi in der Uraltverfilmung den dicken Polizisten durch die Luft schmeißt oder seinem Kollegen eine Torte ins Gesicht klatscht. Am Spielplatz will er am liebsten Pippi Langstrumpf spielen und übernimmt notfalls auch die Rolle der braven Annika, wenn sich dafür kein anderes Kind findet. Das Hin und Her zwischen der gesetzestreuen Annika und der ausschließlich den eigenen Ideen gegenüber loyalen Pippi inszeniert er dabei besonders genussvoll.

Was interessanterweise sowohl für mein Kind-Ich als auch für meinen Sohn die Faszination an Pippi ausmacht, ist genau das: Was passiert, wenn man sich nicht an die Regeln hält, die in einem Kinderleben ja omnipräsent sind? Was ist das überhaupt, »die Regeln«? Und was haben sie mit meinen eigenen Gefühlen als Kind zu tun? Wer bestimmt die Regeln? Auf wen muss ich hören? Und wo darf ich auch widersprechen und mit meinen eigenen Ideen wirksam werden?

Wenn wir über innerfamiliären Stress nachdenken, sind »Regeln« und ihre unterschiedlichsten Auswirkungen oft das, was Kinder wie Eltern als besonders anstrengend empfinden. Es ist eine ganz typische Elternerschöpfung, wenn man abends aufs Sofa sinkt und das Gefühl hat, den ganzen Tag nur »Nein!«, »Anders!« und »Vorsicht!« gerufen zu haben und in einem fort die oder der große Ermahnende war. Für Kinder selbst fühlt es sich vermutlich noch viel schlimmer an. Nicht nur wird jeder Tag und jeder Tagesablauf in seinen Grundzügen von ihren Eltern oder anderen Betreuenden bestimmt. Sie werden dabei auch noch die ganze Zeit weiter ermahnt, dass sie ihre Schuhe ausziehen sollen, die Hände waschen, jetzt Essen bitte schön, dann den anderen Pulli anziehen und das Bild für die Oma fertig malen und um 17 Uhr wieder daheim sein … Wer sich wundert, dass Teenager irgendwann so einen ausgiebigen Hang zum einfach nur selbstbestimmten Abhängen bekommen, dem sei gesagt: Sie haben da schließlich auch einiges nachzuholen!

Blöd nur: Ohne Regeln, oder sagen wir lieber: Verabredungen miteinander funktioniert Familie leider auch nicht! Zumal die größte Regel – Pippi Langstrumpf hin oder her – gar nicht (oder nur sehr schwer) zur Diskussion gestellt werden kann und den Alltag immens prägt: die staatlich verordnete Schulpflicht.

Genau hier setzt die nächste Idee an, die als Möglichkeit zur Selbstbestimmung verstanden werden kann und den Kindern (und auch den Eltern) eine kleine Ausflucht aus der Absolutheit des Schulalltags bietet. Es ist ein Joker für die Tage, an denen man besonders schwer aus dem Bett kommt oder die Kinder mit dem müden Satz »irgendwie Bauchweh heute« an den Küchentisch stolpern. Es ist ein Gutschein für einen Tag ohne jede Regel und damit auch mal: ganz ohne Stress.

Die Idee ist, dass jedes Kind Anfang des Jahres eine Art »Blaufahrschein« erhält, den es an einem beliebigen Tag im kommenden Schuljahr spontan und ohne Widerspruch einsetzen kann. Man vergibt als Eltern in Form eines hübschen Zettelchens oder eines Kärtchens die Option, sich an einem Tag im Jahr schulfrei zu nehmen. Und auch ansonsten von allen Verpflichtungen entbunden zu sein. Dieser regelfreie, schul- (oder auch kindergarten-)freie Tag wird ohne Nachfragen und Gemecker akzeptiert. Kein Gängeln, keine Diskussionen, keine Bestechungsversuche. Volle Entscheidungsmacht beim Kind – wenigstens an diesem einen Tag im Jahr.

Sie werden sehen, es ist von Kind zu Kind sehr unterschiedlich, wann (und ob) der Schein eingelöst wird. Die meisten heben ihn recht lange auf. Ihnen reicht schon die Möglichkeit im Kopf, blaumachen zu können. Allein das entspannt.
Vor zwei Jahren, als es bei uns aufgrund unabänderlicher Arbeitsbedingungen extrem anstrengend war und die Kinder sich »mehr Eltern« daheim wünschten, haben wir den »Blaufahrschein« erweitert: Jedes Kind durfte sich einmal im Jahr spontan auch »einen Tag Eltern daheim« wünschen. Interessanterweise hat nur eines der drei Kinder den Schein im Laufe des Jahres eingelöst, obwohl wir eigentlich in jeder Woche über ihn geredet haben. Allein die Möglichkeit dazu machte einen Unterschied. Und uns allen bessere Laune.

AUF EINEN BLICK

Kleine Fluchten (5): Der blaue Tag
Vorbereitungszeit: zehn Minuten Zettel basteln
Umsetzbarkeit (auf einer Skala von 1 bis 6): individuell, je nach Betreuungssituation
Kosten: keine
Gefahr: Die Familienregel wird für diesen einen Tag vor die Schulpflicht gestellt; daraus ergeben sich rechtliche und moralische Fragen.
Gewinn: Eigenverantwortung; vielleicht auch eine Diskussion über zivilen Ungehorsam; Entspannung
Das sagen die Kinder: »Ich heb ihn noch ein bisschen auf.«

KLEINE FLUCHTEN

SCHULE, JUHUU!

Warum Schulgemecker so lähmend ist

Wir nennen ihn den »Schulblues«. Der Schulblues ist das Gefühl, das in der letzten Woche der Sommerferien einsetzt, der Blues, in dem man sich als Familie suhlen kann, wenn man weiß: Nächste Woche geht's wieder los. Unheimlich früh aufstehen und damit viel zu früh ins Bett müssen. Morgenstress, in halb geschimpfte, zwischen Badezimmer und Flurtüren hin und her geworfene Sätze gepresst: »Wo ist mein Sportsack??«, »Ich brauch noch drei Euro!«, »Ich willwillwill aber die kurze Hose!!«. Kalender, die in den Sommerferien noch leer sind, dann aber innerhalb von wenigen Tagen dick gefülltes Chaos symbolisieren. Welche Gummistiefel passen noch? Mist, wir müssen Bücher einbinden. Wann kannst du deine Hefte endlich mal selbst einkaufen? Wirklich, schon in zwei Wochen die erste Mathearbeit? Boah, Frau Kohl als neue Klassenlehrerin, Höchststrafe!!! Oh Mann, die kriegen das mit dem Stundenplan aber wirklich nicht auf die Reihe!

In wenigen Dingen sind sich Kinder und Eltern so einig wie im Schimpfen auf die Schule und den Schulalltag, die Lehrer*innen, die dreckigen Toiletten, das Essen, den Acht-Uhr-Start und überhaupt: die vielen Noten! In wenigen Dingen leiden Eltern so empathisch mit, lästern in alle Richtungen, wissen bestens Bescheid, wie man alles anders machen könnte – schließlich waren sie ja selbst mal in so einer verdammten Schule und wissen, worunter ihr Kind leidet. Gemeinsames Über-die-Schule-Lästern fällt dabei unterschiedlich direkt aus. Manche Familien sind sich schon vor der Einschulung am Küchentisch einig, dass ein Leben lang Sommerferien oder wenigstens Kindergarten auf jeden Fall die bessere Lösung für alle wäre. Andere bemühen sich zumindest zu Beginn, gute Laune zur Schultüte zu machen und verschieben das Schimpfen in die Gespräche mit den anderen Eltern nachmittags auf dem Spielplatz. Komplett übersehen wird dabei oft, dass die Schulkinder direkt daneben stehen und bei Themen, in denen es um sie selbst geht, eigentlich immer und vollkommen zu Recht übergroße Ohren bekommen.

Auch wenn Eltern sich nicht direkt vor den Kindern über die doofe Schule beschweren: Wie Mama oder Papa über die Einrichtung denkt, in der sie einen Großteil ihres Tages verbringen, können sie nach drei Nachmittagen auf dem Spielplatz schon in geschliffenen Formulierungen aufsagen. Oder sie spüren die Abneigung indirekt. »Es ist halt nicht mehr Kindergarten«, »Die Klassenzimmer sehen noch genauso aus wie vor dreißig Jahren«, »Die Lehrerin wirkt nett, aber jetzt mal gucken«, referierte unser großes Kind in perfekten Erwachsenensätzen damals seiner Oma, als sie ihn nach den ersten Wochen Grundschule fragte, wie es denn da so sei, in dieser Schule. Und das zweite wusste schon, bevor es überhaupt losging: Schule nervt.

Nur: Bewegt sich irgendwas an diesen Dingen, wenn wir sie vor allem auf unseren Kindern abladen, und zwar in Form von unbedacht dahingeschimpften kleinen, privaten Beschwerden? Würden Sie selbst noch gern zur Arbeit gehen, wenn Sie direkt oder indirekt permanent mitbekommen würden, wie falsch die liebsten Menschen in Ihrem Leben dort alles finden? Und sind wir wirklich sicher, dass die negativen Urteile, die wir über Schule so oft fällen, ausschließlich mit der Situation unserer Kinder zu tun haben – und nicht mit dem, was wir selbst in der Schule Unschönes erlebt haben? Es ist nicht unwahrscheinlich, dass wir mit unseren eigenen negativen Schulerfahrungen die Grundstimmung, mit der unsere Kinder diese Jahre selbst entdecken sollen, beeinflussen. Während wir liebevoll darauf achten, die Kinder vom Nudelsoßen-Geschmack bis zum Lieblingsschlafplatz möglichst eigene Standpunkte (oder Liegeflächen) entwickeln zu lassen, fällt uns das abwertende Hintergrundrauschen, das wir zum Thema Schule mitgeben, oft nicht einmal auf.

Wir können familiären Stress reduzieren, indem wir es unseren Kindern erleichtern, ihr eigenes Urteil über Schule zu bilden. Der Weg dahin besteht in einer Reframing-Übung für uns Eltern: Schulfreude möglich zu machen statt Schulblues zu manifestieren. Die Übung heißt »Schule, juhuu!« und hat zum Ziel, eine positivere Grundstimmung zuzulassen. Es ist eine Kopfübung, Sie brauchen ein bisschen Hartnäckigkeit dafür. Am Anfang kann es sich etwas albern anfühlen, aber geben Sie der Wirkung eine Chance. Versuchen Sie – zunächst zum Beispiel mal für einen Tag, dann irgendwann für eine ganze Woche – immer dann, wenn Ihnen ein Satz über die Schule oder den Schulalltag auf der Zunge liegt, sich selbst zu bremsen und umzuformulieren. Und zwar in eine lösungsorientierte Aussage, anstatt das Problem durch bloßes Meckern sprachlich zu festigen.

Sie wollen schimpfen:
»Immer planen die alle Schulaufgaben zur selben Zeit!«

Sie könnten stattdessen sagen:
»In zwei Wochen ist die anstrengende Zeit schon wieder vorbei.«

Weitere Beispiele:
»Ich verstehe nicht, warum man Schulessen nicht auch mal lecker machen kann.«
»Wie gut, dass wir uns zum Abendessen immer was Schönes selbst machen können.«

»Also die Englischlehrerin hat die Klasse wirklich überhaupt nicht im Griff.«
»Ich muss dem Deutschlehrer unbedingt mal sagen, wie toll er ist.«

»Vollkommen verrückt, was die in der Dritten schon alles können müssen.«
»Vollkommen verrückt, was die in der Dritten schon alles können.«

»Dass die Kinder keine Medienkompetenz in der Schule lernen, ist wirklich eine Katastrophe.«
»Dass jetzt bald die ersten Digital Natives in den Lehrerberuf starten werden, könnte wirklich ein Gewinn sein.«

»Oh Mann, sind das heute schon wieder viele Hausaufgaben.«
»Ich freu mich schon drauf, wenn du das geschafft hast.«

»Morgen ist leider das Wochenende schon wieder vorbei und du musst in die Schule.«
»Morgen darfst du wieder in die Schule.«

Zu Beginn besteht die Schwierigkeit vor allem darin, die negativ konnotierten Aussagen überhaupt zu bemerken und rechtzeitig innezuhalten. Für den nächsten Schritt des Reframings brauchen Sie am Anfang etwas Zeit. Manchmal hilft es, die Sätze aufzuschreiben oder ins Handy zu notieren und erst am Abend mit etwas Ruhe umzuformulieren. Um die neuen Aussagen zu bilden, hilft es, nicht zu *streng mit sich und der Form zu sein. Sie werden merken: Mit etwas Übung bekommen Sie es dann auch live in der Situation hin. Dann gilt es abzuwarten und zu vertrauen: in Veränderung durch die Macht der Worte.*

Nur damit keine Missverständnisse entstehen: Es gibt ganz gewiss viele Dinge, die man an deutschen Schulen anders und besser machen könnte. Es gibt blöde Lehrer*innen, dreckige Toiletten, zu große Klassen, ungerechte Noten, oder überhaupt: Noten. Es gibt selten gute Sexualaufklärung, zu wenig Digitalisierung, keine echte Inklusion, oft schlechte Handhabe von Mobbing, altmodische Lehrmethoden und -inhalte und zu viel Leistungsdruck. Soziale Ungleichheit wird in deutschen Schulen manifestiert, statt sie auszugleichen. Corona hat die Situation auf allen Ebenen wie unter dem Brennglas sichtbar gemacht und die Schere verstärkt. Dass die meisten Lehrer*innen Beamte sind, hat Vorteile – aber ganz sicher auch Nachteile.

Selbstverständlich müssen Eltern wachsam sein und für ihre Kinder einspringen, wenn ihnen Ungerechtigkeiten an der Schule widerfahren. Das passiert oft und ist in einer in ihren Grundzügen vor fast 200 Jahren erdachten Schule auch systemimmanent. Gerade wenn Kinder älter werden, ist es eine immens wichtige Aufgabe von uns Erwachsenen, sie nicht nur loszulassen, sondern mit ihnen im Gespräch zu bleiben. Also Sorgen, Ängste und Nöte, die oft im Schulkontext entstehen, ernst zu nehmen und ihnen Raum zu geben. Alle diese ernsten Sorgen und Missstände sind in dieser Übung nicht gemeint. Was ich gern reframen würde, ist das destruktive und eher reflexartige als reflektierte Abarbeiten an dem, was man nicht ändern kann. Geben Sie Ihrem Kind die Chance, Schule selbst zu entdecken.

Wer jetzt immer noch »aber« rufen möchte, weil es ja *wirklich* so viele Dinge gibt, die an Schule nerven: Machen Sie etwas mit dieser Energie und zeigen Sie Ihren Kindern, dass alle etwas tun können, wenn uns Bedingungen stören. Auch wir Eltern können uns auf verschiedenen Ebenen aktiv für eine bessere Schule einsetzen. Vom Kreuz in der Wahlkabine über die Demo im Pausenhof oder in der Innenstadt bis hin zum Engagement in sogar landesweiten Elternvertretungen. Sich für Dinge, die man nicht gut findet, zu engagieren: Das wäre eine sinnvolle Idee, um als Eltern Schule zu ergänzen.

AUF EINEN BLICK

Kleine Fluchten (6): Schule, juhuu!
Vorbereitungszeit: reindenken, Zettel bereitlegen, fertig
Umsetzbarkeit (auf einer Skala von 1 bis 6): braucht schon Übung, also 4
Kosten: keine
Gefahr: herbe Lästerstoffverluste in der Elternschaft
Gewinn: die Chance, dass auffällt, was an Schule alles gut sein kann
Das sagen die Kinder: »Die Mama nennt die Schlamperkiste jetzt Findebox.«

DIE PATCHWORK-SEGLER

»Ein bisschen Wahnsinn«

Ric Schwill (52), Biologe, Rike Pätzold (37), Ungewissheitsexpertin und Coach, Yannick Schwill (18) und Jari Pätzold (15) leben in München und waren die letzten drei Jahre gemeinsam als Patchworkfamilie auf ihrem Segelboot unterwegs – von Griechenland bis New York und wieder zurück nach Europa. Ihre Reise und auch ihre Pläne kann man auf www.boatnotes.de verfolgen.

Rike, ihr wart von August 2016 bis Juli 2019 zu viert auf dem Boot unterwegs, obwohl du davor gar keine Seglerin warst. Wie kommt man auf so eine Idee?

Ric hatte schon kurz nach dem Kennenlernen die Idee, unsere Patchworkfamilie durch das Segeln näher zusammenzubringen. Etwas später entdeckte ich ein Buch über eine segelnde Familie auf seinem Nachttisch. Und die Idee zündete. Unsere beiden Jungs waren in der Schule nicht glücklich. Ich selbst stellte zu dieser Zeit das ganze System infrage. Und außerdem war ziemlich schlechtes Wetter.

Wie lange hat die Planung von der Idee bis zur Umsetzung gedauert?

Dreieinhalb Jahre.

Was waren eure größten Sorgen zu Beginn?

Wie wir es auf dem Boot finden würden, wie es mit der Schule klappt, ob ich schlimm seekrank werde. Und natürlich: ob das Geld reicht.

Was ist heute eure größte Sorge?

Wie lange es wohl noch dauern wird, bis wir wieder loslegen können.

Was war der schönste Moment als Familie auf der Reise?

Da gab es viele! In New York mit dem Segelboot anzukommen, war fantastisch. Aber auch Silvester 2017 vor einer kleinen unbewohnten Insel der Kanaren zu liegen und dann Weihnachten 2018 auf den Kapverden zu verbringen. Als Patchworkfamilie sind wir gerade an Weihnachten sonst immer aufgesplittet und auch an Silvester kaum zusammen. Das mal nur als Familie zu feiern inklusive Spiele spielen war richtig schön. Auch die Momente, in denen sich gezeigt hat, was für ein tolles Team wir inzwischen sind, wenn alle zusammenhelfen, um eine Situation zu meistern, und jeder seinen Platz hat.

Was war der schwierigste Moment?

Bei einem schlimmen Streit nicht wegzukönnen, war schon manchmal hart.

Habt ihr so etwas wie ein Lebensmotto?

Open heart, open mind.

Was ist ein typischer Satz eurer Reise?

»Mir sin ja nischt auf da Flücht«, inspiriert von unserem Chemnitzer Segelfreund Georg. Und »Gäste gibt's nicht – jeder ist Crew.«

Gibt es einen Song, den ihr mit eurer Reise verbindet?

Der irische Folk Song Wild Rover. *Den haben wir auf dem Boot andauernd gehört und Ric hat immer laut mitgesungen.*

Was hat die Reise gekostet?

Wir haben im Monat etwa 1.000 Euro gebraucht – je nach Landausflügen und ohne Reparaturkosten am Boot.

Und wie habt ihr das finanziert?

Durch Erspartes, das Geld, das Rike unregelmäßig als Coach weiter reingearbeitet hat, und Kindergeld, Unterhalt sowie die Untervermietung der Wohnung.

Was war mit den Jobs zu Hause, während ihr weg wart?

Ric hatte gekündigt, Rike hat weitergearbeitet.

Und die Wohnung zu Hause?

Die haben wir mit Erlaubnis unserer Vermieterin untervermietet. Ist in München ganz einfach.

Wie habt ihr das Schulthema gelöst?

Wir haben die Kinder in Deutschland abgemeldet und auf dem Boot selbst beschult. Der Große hat dann letztes Jahr die Mittlere Reife extern gemacht, was tatsächlich »Nichtschülerprüfung« heißt.

War das einfach, das Selbstbeschulen?

Die Situation auf dem Boot war für uns von Anfang eine Chance und sogar ein Grund für die Reise, kein Hindernis. Wir wollten, dass die Jungs erleben und sehen, was sie sonst nur im Klassenzimmer lernen: Geschichte, Erdkunde, Biologie, Ökologie, Soziologie, Politik, Sprachen, Naturwissenschaften. Aber auch bizarre Grenzsituationen in Gibraltar und Ceuta. Plastikmüll im Meer und am Strand. Ungerechtigkeit im Senegal. Kolonialismus und Sklaverei in der Karibik. Dazu antike Geschichte im Mittelmeer, ökologische Zusammenhänge, die Schönheit unseres Planeten, wundervolle Menschen und hoffnungsvolle Projekte.

Wo seid ihr als Familie in zehn Jahren?

Die Jungs hoffentlich glücklich, Yannick vielleicht beim Film und Jari als Verkehrs- und Stadtplaner. Ric und ich wieder Teilzeit auf dem Boot unterwegs – Richtung Japan.

Was sind die drei wichtigsten Dinge, die ihr auf der Reise gelernt habt?

Es geht immer irgendwie weiter, egal wie schlecht es manchmal läuft. Man kann es als Familie auch drei Wochen lang auf einem Boot aushalten. Und: Egal wie knapp das Geld manchmal ist, der Großteil der Menschen kommt mit noch viel weniger aus. Gemeinsame Zeit und Erfahrung sind für uns als Familie wichtiger als alles andere. Okay, das waren jetzt vier.

Was braucht man für familiäre Eigenschaften, um so etwas zu wagen?

Ein bisschen Wahnsinn. Ein lebhaftes Vorstellungsvermögen. Einen Dickkopf, oder besser gleich zwei.

Welcher Hinderungsgrund ist der dümmste?

Dumm würden wir vielleicht nicht sagen, eher unnötig. Das wäre dann: Aber was ist mit der Schule?! Wir Deutschen sind da sehr eng, vor allem, wenn man aus Bayern kommt. Yannick hat problemlos die Mittlere Reife gemacht, nachdem er zwei Jahre keine Schule mehr besucht hatte, und Jari wurde nach unserer Rückkehr mit offenen Armen in einer Münchner Montessori-Schule angenommen. Auch ein unnötiger Grund ist die Sache mit dem Geld, denn man kann erstaunlich minimalistisch leben. Wir haben vorher alles verkauft, alles gekündigt und die Fixkosten auf ein Minimum runtergedreht. Die Möglichkeit von unterwegs zu arbeiten, hat sich für mich auch erst während der Reise gezeigt. Man kann nicht alles planen und vorhersehen, vieles kann schiefgehen, aber vieles ergibt sich ganz von selbst.

Auf welchen Grund gegen so eine Reise sollte man hören?

Auf den Bauch, wenn der »Nein« sagt.

Womit hättet ihr niemals gerechnet?

Dass es so schwierig sein würde, andere segelnde Familien kennenzulernen. Deshalb bin ich dabei, gemeinsam mit einem anderen Segelvater eine Plattform für reisende Familien aufzubauen.

Welche Bücher sind euch als Familie während des Abenteuers besonders ans Herz gewachsen?

Yannick: The Cruisers Handbook of Fishing *von Scott und Wendy Bannerot; Rike:* Pacific High. Australien–Alaska und zurück *von Silke und Thorsten Hartmann und die Verproviantierungsbibel* The Boat Galley Cookbook *von Carolyn Shearlock; Jari:* Per Anhalter durch die Galaxis *von Douglas Adams; Ric:* Elektrik an Bord *von Andrew Simpson.*

Und welches ist das beste Reisebuch für so ein Abenteuer?

Voyaging with Kids *von Behan Gifford.*

Was nervt am meisten unterwegs?

Wenn Sachen am Boot kaputtgehen, die wertvolle italienische Pasta Käferbefall hat und das Puddingpulver verschimmelt ist. Wenn der Dieselmotor ausfällt, gerade dann, wenn man ihn am dringendsten braucht.

Wann kommt das Heimweh?

Wenn wir an Freunde und Familie denken.

Und was hilft dagegen?

Dinge erleben und was Leckeres kochen. Und auf jeden Fall darüber sprechen und traurig sein dürfen.

Worauf habt ihr euch zu Hause am meisten gefreut?

Auf Freunde, Familie, Altweibersommer und Schnee.

Was wird nie mehr so sein wie zuvor?

Alles. Vor allem die schlimme Sehnsucht nach dem Meer. Die Erkenntnis, dass man ohne WLAN weiterleben kann. Und Yannick stören lange Autoreisen nicht mehr. Die Welt ist zugleich größer und kleiner geworden.

Was hättet ihr aus heutiger Sicht anders gemacht?

Unsere Route noch mehr den anderen Segelfamilien angepasst. Wir waren irgendwie immer zur falschen Zeit am falschen Ort und gerade nicht da, wo die anderen Boote mit Kindern waren. Und außerdem hätten wir ruhig ein paar Jahre früher losfahren können. Die Jungs waren fast schon zu alt, zumindest gegen Ende der Reise. Irgendwann wurde das Baden fast langweilig und die Freunde wurden doch sehr vermisst. Außerdem hätten wir von Anfang an einen neuen Motor einkalkuliert und ein stärkeres Beiboot mitgenommen.

Was kommt als Nächstes?

Für uns Erwachsene: mehr Abenteuer, mehr Meer. Yannick will eine große Fahrradtour machen und Jari gern mal nach China.

KLEINE FLUCHTEN

ZIMMERTAUSCH

Umbauen statt umziehen

Wenn es um das Befinden von Familien geht, steht schnell ein Thema im Raum: Wohnen. Wie wohnen wir? Und wo? Wie groß? Wer sagt uns, wie wir wohnen sollen? Quatschen da mal wieder zu viele mit?

Wohnen ist in den vergangenen Jahrzehnten immer wichtiger geworden, obwohl die Menschen, gerade Familien, viel weniger Zeit zu Hause verbringen. Wohnzeitschriften sind womöglich der letzte Wachstumsmarkt der Magazinbranche. Einrichtungsläden eröffnen an jeder Ecke. Instagram ist voll von Blogger*innen, die ihre raffinierten Küchen-/Kinderzimmer-/Garderoben-»Lösungen« präsentieren – immer schön im perfekt aufgeräumten Zustand. Ein Samstagsausflug zu Ikea geht in manchen Familien schon fast als Zoo-Tag durch. Überhaupt Lösungen: schon wieder ein Wort aus dem Optimierungskosmos. Als ob das Zuhause und die Suche nach niedlichen, praktischen oder irre schicken Einrichtungsangeboten für dieses Zuhause irgendwie wettmachen müssten, dass wir nur noch so selten da sind. Es ist paradox: Wir machen es uns daheim immer schöner, obwohl wir dauernd außer Haus sind. Die Zeit, die volljährige Menschen in Deutschland nicht zu Hause, sondern am Arbeitsplatz verbringen, ist allein zwischen 2003 und 2013 um fast drei Stunden pro Person gestiegen. Ob Corona das Arbeiten langfristig wieder mehr nach Hause zurückverlegen wird, bleibt abzuwarten. Und auch Kinder sind deutlich mehr Zeit außer Haus. Die Fremdbetreuung der unter Dreijährigen beispielsweise ist in Deutschland von acht Prozent im Jahr 2006 auf gut 34 Prozent im Jahr 2019 gestiegen. Die traditionell sehr unterschiedlichen Werte zwischen Ost- und Westdeutschland gleichen sich dabei immer weiter an.

Neben der Einrichtung wird für Familien auch der Platz, den sie zu Hause haben, immer wichtiger. Die Größe des Wohnraums ist, wie im Vorwort erwähnt, messbar gestiegen: Wohnungen für Familien sind heute etwa doppelt so groß wie vor 60 Jahren. Das ist einerseits toll, gemütlich und praktisch. Andererseits steigt der Erwartungsdruck. Wenn gefühlt »alle« mit zwei Kindern auf 120 Quadratmetern wohnen, erfordert es eine enorm eigenständige Haltung, auf nur 80 Quadratmetern zufrieden zu bleiben. Es erscheint fast selbstverständlich, dass jedes Kind mit der Einschulung ein eigenes Zimmer braucht, einen eigenen Schreibtisch, einen »Raum für sich«. Wir wünschen uns einen kleinen Garten oder wenigstens einen Balkon. Wir glauben, dass wir Platz und Stauraum benötigen für Kinderwagen, Lastenfahrrad, Laufräder, Hoverboard und dazu das Auto.

Es tut gut, hier ab und an ein Fragezeichen zu setzen. Wer genau hat gesagt, dass wir das alles brauchen? Ich glaube nicht, dass wir das selber waren. Beim Wohnen zeigt sich sehr deutlich eine kapitalistische Bedürfniskette, deren einzelne Glieder sich beinahe unmerklich aneinanderfügen. Durch Vergleiche im alltäglichen Umfeld oder behauptete Bedürfnisse aus der Werbung erscheint es sonnenklar, was wir alles brauchen, sobald wir eine Familie werden. Es fühlt sich notwendig und möglicherweise auch beglückend an, für die Familie in eine größere Wohnung zu ziehen, wo das schicke neue Babybett reinpasst und die vielleicht sogar einen Garagenplatz für das neue Lastenfahrrad hat. Andererseits steigen die Lebenshaltungskosten durch diese kollektiv gewachsenen Ansprüche enorm an, sodass wir alle immer mehr arbeiten und verdienen müssen. Hier mithalten wollen oder müssen kostet Kraft. Auch wenn man das oft gar nicht unmittelbar bemerkt.

Ganz abgesehen davon, dass der Lebensabschnitt, für den wir den ganzen Aufwand betreiben, vielleicht sogar den Wohnort wechseln und aufs Land ziehen, relativ kurz ist. Es mag aus heutiger Perspektive irreal erscheinen, aber schon in zwanzig Jahren sind die meisten von uns wieder ein Paar, das abends aus der Arbeit kommt, in die Jogginghose schlüpft, die noch genauso am Boden liegt, wie wir sie am Abend zuvor ausgezogen haben. Wir setzen uns mit einem Glas Wein aufs Sofa und schauen im Dunkeln aus dem Fenster oder direkt auf den Bildschirm. Eine Kneipe um die Ecke kann da nicht schaden. Ein Planschbecken im Garten bringt dagegen nicht mehr wirklich viel.

Sie merken, ich bin an dieser Stelle als urban lebender Mensch parteiisch. Zum Glück gibt es unterschiedliche Wohntypen und viele Menschen, denen die Stadt mit Kindern vollkommen zu Recht zu laut, stressig, voll, dreckig und schlichtweg zu nervig ist, oder die den Lebenstraum vom Häuschen im Grünen eben genau jetzt, mit Kindern, angehen möchten, weil er immer schon zu ihrer Idee vom Glück dazugehört hat. Hilfreich ist, sich über den Wohnort einigermaßen klar zu sein, bis das älteste Kind etwa acht oder zehn Jahre alt ist und ernsthafte Freundschaften schließt. Natürlich kann man auch mit einem Teenie noch umziehen, aber von der Entscheidung ist dann eine weitere Person emotional mindestens ebenso betroffen wie die Eltern.

Wir können die Lust auf einen Wohnungswechsel relativ unkompliziert und kostengünstig als Familienprojekt kreativ ausleben: mit einem Zimmertausch. Wie wäre es, wenn die Eltern ab jetzt im Kinderzimmer wohnen und die Kinder im Wohnzimmer? Was lässt sich dann aus den alten Schlafräumen machen?

Wie aufwendig wäre es zum Beispiel, Küche und Wohnzimmer zusammenzulegen und dann vielleicht sogar noch ein Spielzimmer zu gewinnen? Eine gemeinsame Neuplanung der Wohnung macht Spaß, die Umsetzung auch, und danach fühlt sich alles neu und aufregend an.
Ein Zimmertausch ist auch ein wunderbares Urlaubsprojekt, das Geld spart, weil man nicht wegfahren muss. Und die Kinder entscheiden mit, wie die Wohnung an ihr Älterwerden und auch veränderte Interessen angepasst wird. Der Faktor Zeit ist wichtig: Zu vermeiden gilt, das Projekt zu beginnen – und dann müssen alle wieder arbeiten und in ihren Alltag zurück, während die Wohnung aussieht, als würde man ausziehen. Ein paar Tage Zeit, ein Werkzeugkasten und ein bisschen Vergnügen am Rumbauen sind schon wichtig. Vielleicht wünscht sich ein Kind ein farbiges Zimmer? Oder es gibt die Idee für ein 3,50 Meter breites Familienbett, in dem endlich alle Platz haben …

Eine befreundete Familie mit vier Kindern, die in einer kleinen Stadtwohnung zu Hause ist, mit je zwei Menschen in jedem Zimmer, tauscht jedes Jahr zu Weihnachten alle Räume durch – und wechselt dabei auch immer die Kinderkonstellationen. Nur so, versichern sie, lässt es sich auf 90 Quadratmetern zu sechst aushalten. Ein Umzug ist nicht drin: Die Chancen auf eine bezahlbare größere Wohnung stehen in ihrem Viertel schlecht, denn hier sind die Mieten in den vergangenen Jahren exorbitant gestiegen. Und raus aus der Stadt wollen sie nicht. Durch die Ersatzlösung Zimmertausch sparen sie nicht nur Geld, sondern auch Zeit. Die steckt der Vater in politisches Engagement: Seit Jahren schon kämpft er im Bezirksrat für eine gemeinwohlorientiertere Bodenpolitik – damit Wohnen bezahlbarer wird.

AUF EINEN BLICK

Kleine Fluchten (7): Zimmertausch

Vorbereitungszeit: Eine gemeinsam freie Woche sollte man schon einplanen.

Umsetzbarkeit (auf einer Skala von 1 bis 6): 5

Kosten: evtl. Wandfarbe und andere Materialkosten wie Schrauben, Nägel etc.

Gefahr: Hexenschuss; aufhören, bevor es ganz fertig ist

Gewinn: alte Wohnung, neues Zuhause

Das sagen die Kinder: »Darf ich nächstes Jahr ins Bad ziehen und in der Badewanne schlafen?«

KLEINE FLUCHTEN 

ÜBEN SIE »NEIN«!

Oder: Warum zu viel »Ja« Ihrer Familie schaden kann

Dieses Kapitel ist für eine ganz bestimmte Gruppe von Menschen gedacht, nämlich für all jene, denen schon mal aufgefallen ist, dass sie eine besondere Beziehung zu dem Wörtchen »Nein« haben. Für diejenigen also, die merken, dass ihnen »Nein« nicht so leicht über die Lippen geht wie zum Beispiel ein freundliches »Ja« oder ein höfliches »Natürlich«. Falls Sie unsicher sind, ob Sie zu dieser Gruppe gehören, anbei ein paar Beispielfragen. Wenn Sie drei Mal »Ja, trifft auf mich zu« antworten, dürfen Sie gerne weiterlesen. Die Chancen stehen gut, dass Sie sich nicht vollkommen fremd bei der Lektüre fühlen.

- Die Male, die ich mich in meinem Leben im Restaurant über irgendetwas beschwert habe, lassen sich an einer Hand abzählen.
- Wenn mein Kind von anderen Eltern betreut wird, finde ich es wichtig, diese Betreuung im Gegenzug unbedingt auszugleichen.
- Ich bin schnell und zuverlässig, das schätzen auch meine Kolleg*innen.
- Der Satz »Sonst macht's ja keiner« liegt mir oft auf der Zunge.

- Die Ausrede, dass mein Kind kränkelt, geht mir leichter über die Lippen als zu sagen, dass ich heute Abend einfach zu fertig zum Quatschen und Weintrinken bin.
- Höflichkeit ist mir wichtig.
- Manchmal treffe ich mich mit Menschen, mit denen ich mich eigentlich gar nicht unbedingt treffen will.
- Bevor ewig um eine Erledigung oder Aufgabe rumdiskutiert wird, mache ich's lieber schnell selbst.
- Mein Puls geht hoch und ich halte die Stille kaum aus, wenn beim Elternabend gefragt wird, wer sich als Elternsprecher*in aufstellen lassen möchte.

An diesen Sätzen lassen sich zwei wichtige Dinge feststellen:

1. Das Thema Nein-Sagen ist ein Frauenthema. Man möge alle neun Sätze mal eben für den Ehemann, den männlichen Chef, Kollegen und besten Freund durchgehen. Klar, Ausnahmen gibt es immer, aber im Patriarchat ist das Nein vor allem eine Herausforderung für Frauen. Andersherum gefragt: Warum können sich Männer zuverlässig jedes Meeting im Job merken, aber an den 70. Geburtstag der eigenen Mutter müssen ihre Frauen sie erinnern? Dieses Recht darauf, ureigene Prioritäten zu setzen: Wie kommen Männer dazu, sich das so stolz zu nehmen?

2. Viele Eigenschaften, Haltungen und Handlungen, die uns zum Ja-Sagen anleiten, sind großartig. Sie sind ein wichtiger, schützenswerter Teil von uns. Wir wollen sie gar nicht loswerden, denn selbstverständlich ist es schön, Geburtstage geliebter Menschen niemals zu vergessen und von allen dafür geliebt zu werden, besonders passende Geschenke auszusuchen. Wer Höflichkeit wichtig findet, hat selten Lust, damit aufzuhören. Es ist wie immer: Preis und Gewinn. Die Frage ist: Kann man das eine gewinnen, ohne das andere aufzugeben? Beim Thema Nein-Sagen: auf jeden Fall.

Dabei geht es nicht darum, jedem das »Nein«-Sagen aus Prinzip einzubläuen und alle Menschen dazu aufzurufen, endlich unhöflicher zu werden und rüder die eigenen Grenzen abzustecken. Im Gegenteil: Es ist eine große Aufgabe nicht nur, aber vor allem in der Arbeitswelt, eine empathische, auf den anderen bezogene und sich selbst auch immer wieder zurücknehmende Haltung stärker zu achten. Nur dadurch können sich bestehende Rollenbilder und Strukturen in Unternehmen und in der Gesellschaft langfristig verändern und vielfältiger werden.

Gleichzeitig lohnt es sich für jede*n, über die eigenen Ja-Sage-Mechanismen nachzudenken, sich ihrer bewusst zu werden und sie eventuell zu überdenken. Vielen Frauen fällt es heute schwer, dem Dilemma der dauernden Überforderung zwischen Emanzipation, Arbeitswelt und Familienrolle zu entkommen. Die Schwierigkeit, »Nein« zu sagen, spielt dabei eine herausragende Rolle.

Ich erlebe es immer wieder, dass Mütter sich nach Kräften bemühen, alles gut auf die Reihe zu bekommen und dabei an den Rand der Erschöpfung schlittern (oder über ihn hinaus). Sobald man sich genauer ansieht, was dieses »Alles« ist, fällt auf, dass ganz schön viele Dinge dabei sind, die man mit einem entschiedenen »Nein« auch weglassen könnte. Das gilt nicht nur für die Aufgaben im Büro. Oft sind es dieselben Menschen, die sich in allen Bereichen (über-)engagieren, während andere, nennen wir sie die souveränen Faulenzer*innen, genüsslich zusehen, wie die Aufgaben quasi von alleine schon erledigt werden. Ist es wirklich notwendig, den Kuchen für den Weihnachtsbazar von Hand und ohne Backmischung zu backen? Oder im Job zwei Sonntagsschichten vom kranken Lieblingskollegen zu übernehmen? Im dritten Jahr in Folge die nervige Klassenkasse zu verwalten? Alles Dinge, die schön und wichtig sind, die aber vielleicht auch mal jemand anderes übernehmen könnte. Trotzdem fällt es vielen pflichtbewussten Frauen schwer, in solchen Situationen »Nein« zu sagen. Dabei wissen sie theoretisch sehr wohl, dass gerade im beruflichen Umfeld Menschen, die auch mal etwas ablehnen, oft mehr respektiert werden als die, die immer alles mit sich machen lassen.

Es geht überhaupt nicht darum, sich weniger gemeinschaftlich zu engagieren und öfter mal wegzuducken, sondern darum, sich selbst und die eigenen Kapazitäten mit deren Grenzen zu sehen, um nachhaltig ein kraftvoller Mensch zu bleiben. Wer sich selbst wahr- und wichtig nimmt, hat mehr Energie für alles andere. So sehr man sich also zu Recht auf die Schulter klopfen darf als allerbeste Alle-Geburtstage-neben-Job-und-Kindern-im-Griff-Haberin der Welt: Es ist auch die gefälligste Rolle, für die wir uns so gerne lieben lassen. Die Kosten trägt im Zweifel die eigene Familie.

Selbstverständlich bewegen wir uns hier auf einem schmalen Grat von Verallgemeinerungen und Pauschalisierungen. Aber auch wenn jede*r Gegenbeispiele kennt: Dass Frauen immer noch stärker als Männer dazu erzogen werden, höflich und fleißig zu sein, erhöht die Last auf den Schultern von Müttern zusätzlich. Wenn Frauen lernen könnten, leichter »Nein« zu sagen, also ungefähr so leicht wie Männer, wäre ein kleiner, aber entscheidender Schritt hin zu einer Umverteilung der Lasten schon getan.

Nach wie vor wird vor allem Mädchen beigebracht, es allen recht zu machen. Sie verlieren dabei viel leichter ihre eigenen Bedürfnisse aus dem Blick. Jungs hingegen werden schon früh zu Autonomie und Abgrenzung ermutigt. Konkurrenz wird positiv bewertet, ihr autonomes Selbst darf wachsen. Mädchen erleben positives Feedback für ihr Selbst vor allem, indem sie gute Beziehungen zu anderen pflegen. »Nein« ist kein angenehmes Wort in Beziehungen. So lernen viele Mädchen früh, das Wort »Nein« wenn möglich zu vermeiden. Sie sagen auch dann »Ja«, wenn sie eigentlich tief in ihrem Inneren »Nein« meinen, einfach weil sie besseres Feedback auf dieses Verhalten bekommen.

Die Antworten auf die Frage, warum wir so schlecht im Nein-Sagen sind, liegen somit tief in uns selbst und unseren frühesten Prägungen. Es geht um lang gepflegte Glaubenssätze und Wertvorstellungen, denen man sich selbst befragend auf den Grund gehen muss: Will ich perfekt sein? Brauche ich Lob? Folge ich meiner inneren Idee, nicht enttäuschen zu wollen? Möchte ich helfen, weil Helfen für mich per se der Sinn des Lebens ist? Wie komme ich zu dieser Vorstellung? Wo bin bei dieser Idee ich selbst? Wie wichtig ist es mir, geliebt zu werden? Wo kommt das her? Was hindert mich wirklich daran, einfach mal »Nein« zu sagen?

Der folgende Tipp ersetzt keinen genaueren Blick auf diese ganz individuellen Gründe, ein Nein zu meiden. Dafür lohnt es sich, Bücher zu lesen, ein Coaching zu machen oder, wenn Sie stark darunter leiden, mit einem Therapeut*in ins Gespräch zu kommen. Hier geht es ganz praktisch und lösungsorientiert darum, das Nein-Sagen im Alltag zu üben und über das Tun in die Veränderung zu kommen. Ziel ist, ohne zu viel Reflexion das »Nein« einfach wieder und wieder im Alltag umzusetzen und zu spüren, was es verändert, wie es leichter wird und befreit.

Versuchen Sie eine Woche lang, drei Mal am Tag »Nein« zu sagen. Das muss keineswegs in wichtigen Situationen sein, in denen ein »Nein« komplexe Folgen hat. Üben Sie im Kleinen: beim Bäcker, der Ihnen drei statt zwei Brezen in die Tüte gesteckt hat. In der Arbeit, wenn die Kollegin fragt, ob sie das Fenster wieder schließen darf, weil sie im T-Shirt dasitzen möchte, Sie aber gerne frische Luft hätten. Wenn die Erzieherin Sie fragt, ob Sie noch irgendwas zum Erntedankfrühstück beitragen könnten. Klingt jetzt hart und egoistisch, das abzulehnen, aber Sie sind nicht irgendwer. Sie

sind die Person mit dem Problem beim Nein-Sagen. Sie brauchen das »Nein«-Üben, um eine Tür zu sich selbst zu öffnen, sich abzugrenzen und Ihr Selbstbewusstsein wachsen zu lassen. Sie wollen ein Gefühl dafür bekommen, was Ihnen guttut und wie es sich anfühlt, Ablehnung auszuhalten. Was nicht zählt in dieser Übung, sind »Neins« zu Kindern.

Noch ein kleiner Tipp, falls es Ihnen sehr schwerfallen sollte: Üben Sie an Menschen, die Ihnen nicht besonders sympathisch sind. Und noch mal: Nein, Sie sind nicht unsozial! Alle diese »Neins« ermöglichen Ihnen neue Freiräume, in dem Sie sich selbst dazu ermächtigen, im Familienchaos selbstbestimmt zu handeln, Stress zu verringern und Wichtiges von Unwichtigem für sich und Ihre Familie zu unterscheiden.

AUF EINEN BLICK

Kleine Fluchten (8): Üben Sie »Nein«!

Vorbereitungszeit: keine, einfach machen

Umsetzbarkeit (auf einer Skala von 1 bis 6): 4

Kosten: keine

Gefahr: Die Frage, woher die Schwierigkeiten mit dem Wörtchen »Nein« kommen, kann Sie ordentlich ins Grübeln bringen. Dafür braucht man Kraft und Kapazität. Aber es lohnt sich!

Gewinn: Wenn Sie es schaffen, Ihrer »Nein«-Schwäche auf die Schliche zu kommen, kann es sein, dass Sie die 19 anderen Ideen in diesem Buch nicht mehr brauchen.

Das sagen die Kinder: »Aber du musst noch den Kuchen backen fürs Elterncafé!«

KLEINE FLUCHTEN

»ALLE AUF LOS«-WOCHOS!

Warum Gesellschaftsspiele besser sind als ihr Ruf

Wissen Sie, was das Schönste an meiner Schwiegerfamilie ist? Sie ist eine Spiele-Familie. Genauer gesagt: eine *Scrabble*-Familie. Bis heute diskutieren wir die (Un-)möglichkeit des Wortes »Taxilangeweile« (gelegt und bepunktet 2008 von Onkel Paul) und fragen uns, wie es Opa Jens an Weihnachten 2013 gelingen konnte, das Wort »Ziwi« in genau dieser Rechtschreibung aufs Brett zu schummeln.

Ich genieße den unverkrampften und selbstverständlichen Umgang meiner Schwiegerfamilie mit Brettspielen sehr, weil er das Zusammensein erleichtert und auflockert. Man kann beim Spielen viel Zeit miteinander verbringen und ein echtes Gefühl von familiärer Nähe herstellen, ganz ohne anstrengende Gespräche. Man ist zusammen, ohne streiten zu müssen. Wie in fast allen Familien gibt es auch bei uns Dinge, die einen mehrtägigen Besuch bei egal welchen Großeltern anstrengend machen können, aber die Aussicht, sich am Abend hinzusetzen und einfach nur *Scrabble* miteinander zu spielen, erleichtert die Zeit in der Großfamilien-Konstellation sehr.

Ich mag diesen unverdrucksten Umgang mit Gesellschaftsspielen aller Art auch deshalb, weil ich selbst aus einer Nichtspieler-Familie komme. Als wir es eines Abends doch mal wagten, flog ein *Monopoly*-Spielfeld durch die Luft. Auch wenn es dreißig Jahre her ist, weiß ich bis heute, dass es dabei um die Frage ging, ob einer, der vorzeitig aus dem Spiel aussteigen möchte, einfach all sein Geld und seine Straßen einem anderen schenken darf. Ich fand das unheimlich ungerecht. Und ja: Ich war es, die das Spiel durch die Luft fliegen ließ. Jedenfalls fand meine Mutter, die selbst nie mitspielte, seit diesem Streit Spielen geradezu verbietenswert doof. Statt uns durch den Spielzank miteinander im Versöhnen zu üben, hörten wir bald ganz auf damit.

Aus heutiger Sicht: Wie schade, dass wir als Familie diese Möglichkeit, Zeit miteinander zu verbringen, nicht gelernt haben! Es könnte noch immer viel entspannen.

Es wundert mich also nicht, dass Gesellschaftsspiele aller Art trotz Digitalisierung boomen. Analysten sagen voraus, dass der internationale Umsatz analoger Spiele in den kommenden Jahren stabil um neun Prozent wachsen wird. Spiele, so erklären es Psycholog*innen, können ein Kurzurlaub vom gestressten Ich sein. Wer sich auf ein Spiel einlassen kann und Spaß entwickelt, lebt vollkommen im Moment. Er gibt Kontrolle ab – und entspannt sich. »Das Gegenteil von Spiel ist nicht Arbeit, sondern Depression«, sagt der Spieleforscher und Arzt Stuart Brown.

Für Eltern und Kinder kommt hinzu, dass Spiele einen Rollenwechsel ermöglichen, der sonst nur selten existiert: Kinder können es oft besser als ihre Eltern. *Memory, Dooble, Make a Break* oder ein 500-Teile-Puzzle: Wer als Erwachsener mal einer spielefitten Achtjährigen gegenüber saß, weiß, wie es sich anfühlt, trotz voller Konzentration keine Chance zu haben und Runde um Runde in ein immer glücklicher grinsendes Kindergesicht zu blicken – was die eigene Niederlage dann auch dicke wieder wettmacht.

Die Idee, die aus allen diesen Beobachtungen entsprungen ist, heißt bei uns: »Alle auf Los«- Wochos. Das bedeutet: eine Stunde gemeinsamen Spiels an jedem Abend, eine »familienmitgliederkurze« Woche lang (Wie viele Menschen leben in Ihrer Familie?). Dabei darf jedes Familienmitglied sich an einem Abend das Spiel aussuchen. Wichtig, wenn die Kinder relativ unterschiedlich alt sind: Man darf nur Spiele wählen, bei denen auch alle mitspielen können. Große Strategiespiele oder Ähnliches fallen deshalb oft weg, dadurch gibt es auch kein Problem mit der Stundenbegrenzung. In Familien mit größeren Kindern, die alle am liebsten Siedler von Catan *spielen bis zum Ende, muss eine andere Lösung her. Aber das Prinzip ist so einfach wie logisch: Jeden Abend ein Spiel, jeder darf eins aussuchen. Macht garantiert einen Unterschied zu normalen Wochen. Und schweißt (fast) immer zusammen.*

In einem Interview mit dem *SZ Magazin* wurde der *Catan*-Erfinder Klaus Teuber 2017 gefragt, ob Familien, die miteinander spielen, glücklicher sind. Seine wunderschöne Antwort: »Sie haben mehr Möglichkeiten, glücklicher zu werden. Familien, die spielen, beschäftigen sich miteinander, sie stoßen beim Spielen auf Themen, die sie besprechen können. Ein Spiel ist auf eine gute Art folgenlos und eine Form der Kommunikation, die eine Familie weiterbringt. Sie verbreitert die Basis für das Glück.

AUF EINEN BLICK

Kleine Fluchten (9): »Alle auf Los«-Wochos!

Vorbereitungszeit: keine

Umsetzbarkeit (auf einer Skala von 1 bis 6): 3

Kosten: Anschaffungskosten der Spiele

Gefahr: entfesselte Wiederholungswünsche

Gewinn: Familienzeit im schönsten Sinne

Das sagen die Kinder: »Ich bau schon mal auf.«

GROSSE FLUCHTEN

DIE OFFENEN ARME DER WELT

»Yanti ist so etwas wie der Dosenöffner in fremde Kulturen«

Nico (37), politische Beraterin, und Fabian Sixtus Körner (38), Designer und Autor, reisten beide schon alleine und dann gemeinsam um die Welt. Das größte Abenteuer aber begann, als ihre Tochter Yanti 2016 geboren wurde. Yanti hat das Downsyndrom. Als sie vier Monate alt war, flog die Familie erst einmal in die Karibik. Mehr zu ihren Abenteuern kann man in Fabians Buch *Mit anderen Augen* nachlesen.

Fabian, wer ist der oder die Abenteuerlustigste von euch dreien?

Da kann ich mich nicht entscheiden. Nico und ich haben jeder eine eigene Welterkundungsgeschichte. Und dann die gemeinsame. Für die Gesamteinordnung unseres Abenteuers ist es vielleicht wichtig, dass Nico meine erste feste Freundin war. Wir waren zusammen in der Grundschule eines hessischen Dorfes und sind in der dritten Klasse miteinander »gegangen«. Händchenhaltend durchs Dorf, der erste Kuss. Nach der vierten Klasse trennten sich unsere Wege auf weiterführenden Schulen, bis wir uns zwanzig Jahre später in der Karibik wiedertrafen und zusammenblieben.

Sehr romantisch.

Ja, vor allem hat es aber dazu geführt, dass wir beide erst einmal jeder für sich die Welt erkunden konnten. Nico meist jobbedingt in Krisenregionen in Lateinamerika und Afrika, ich als Backpacker. Nach unserem Wiedersehen dann gemeinsam, entweder auf einer von Nicos Missionen, ansonsten vorzugsweise an abgelegenen Stränden mit surfbaren Wellen.

Und dann kam Yanti auf die Welt.

Ja, 2016, da begann das größte Abenteuer. Yanti wurde mit dem Downsyndrom geboren. Was das für unsere Träume als Familie und die Vorstellung von einem glücklichen Leben bedeutet, konnten wir damals noch überhaupt nicht einordnen. Zuallererst war das ein Schockzustand. Wir wollten immer mit unserem Kind auf Reisen gehen und Abenteuer erleben. Doch plötzlich mehrten sich die Stimmen in der Gesellschaft, dass das mit einem Kind mit Downsyndrom nicht möglich sei.
Unser Abenteuer als Familie begann also im Grunde mit der Geburt, den Hürden, den Nein-Sagern und dem unangebrachten Mitleid, das uns die ersten Wochen und Monate in Yantis Leben begleitete.

Und dann seid ihr nach vier Monaten einfach in die Karibik geflogen?

Ja, als Yanti gesundheitlich stabil war, ohne zusätzlichen Sauerstoff auskam, wollten wir dem tristen Alltag in Deutschland entfliehen und an den Ort zurückkehren, wo Nico und ich uns wiedergetroffen hatten.

Seitdem reist ihr immer wieder los?

Jeden Winter, meist zwischen Januar und April, starten wir unsere jährliche Fernreise. Im Spätsommer/Herbst zwischen August und Oktober sind wir mit dem Camper an der europäischen Atlantikküste unterwegs.

Wann und in welcher Situation hattet ihr das erste Mal die Idee, so zu leben?

Wir hatten die ersten Wochen nach Yantis Geburt das Gefühl, dass uns Leute aus dem Weg gingen, sowohl fremde Menschen in der Bahn oder im Supermarkt als auch aus dem Bekanntenkreis. Wir spürten eine generelle Angst in Deutschland, in Bezug auf Yantis Behinderung etwas Falsches zu sagen oder zu fragen, uns auf die Füße zu treten. Dadurch fühlten wir uns bald sozial isoliert. Wir sehnten uns nach Wärme, nach Herzlichkeit und Offenheit. Als Yanti zwei Monate alt war, sprachen wir zum ersten Mal über die Idee wegzufahren. Wir waren uns dann schnell einig, dass das ein guter Plan ist.

Wie lange hat die Planung gedauert?

Länger als angenommen und vor allem länger als früher, als wir noch alleine unterwegs waren und nur sichergehen mussten, dass der Reisepass noch gültig ist. Als Allererstes mussten wir die gesundheitliche Situation von Yanti abklären, also ob aus medizinischer Sicht etwas gegen eine solche Reise spricht. Das hieß vor allem erst einmal Termine beim Kinderarzt, Physiotherapeuten, bei HNO-Ärzten, Kardiologen … Yantis Lunge war noch sehr schwach und auch das Herz noch nicht ausreichend geschlossen, sodass ein Risiko bei Flugreisen und Notfällen bestand. Nachdem alle Spezialisten nicht nur eingewilligt, sondern uns in dem Plan sogar bestärkt hatten, da das Klima, die Sonne, der Sandstrand allemal besser seien als der Berliner Winter, setzten wir uns an die genaue Planung.

Was war eure größte Sorge zu Beginn?

Die Gesundheit unserer Tochter. Sie hat ein geschwächtes Immunsystem, daher eine starke Infektanfälligkeit, und immer wieder eine zu niedrige Sauerstoffsättigung des Bluts. Was, wenn sie während des Fluges Atemprobleme bekommt oder die verhängten Gehörgänge den Druckausgleich nicht zulassen und ihre Trommelfelle kaputtgehen? Was, wenn wir an der Nordküste der Dominikanischen Republik einen Notfall haben und keine ausreichende ärztliche Versorgung garantieren können? Wir recherchierten die nahe gelegenen Krankenhäuser und stießen auf Horror-Rezensionen von fehlerhaft zusammengenähten Gliedmaßen und falschen Bluttransfusionen. Also machten wir einen Notfallplan mit drei unterschiedlichen Kliniken für verschiedene Komplikationen, die auftreten könnten.

Und habt ihr die je gebraucht?

Ja, in einer der Kliniken waren wir mal, nachdem Yanti gestürzt war. Rückblickend war die Sorge und Planungswut aber wirklich übertrieben. Doch damals verschaffte es uns die nötige Ruhe vor diesem Abenteuer.

Was ist heute eure größte Sorge?

Nach mittlerweile fünf großen Reisen innerhalb der letzten drei Jahre halten sich die Sorgen in Grenzen. Natürlich achten wir weiterhin auf ärztliche Versorgung in den Regionen, die wir bereisen, aber die Angst davor, dass etwas passieren könnte, ist nicht viel größer, als wenn wir in Deutschland bleiben würden.

Was ist für euch das Besondere am Reisen?

Sobald wir Richtung Süden ziehen, wird es herzlicher. Natürlich ist oftmals die ärztliche Versorgung oder die therapeutische Betreuung nicht mit der Situation in Deutschland vergleichbar. Aber fast überall, wo wir waren, sei es in der Karibik, in Spanien, auf den Philippinen oder in Thailand, wird Yanti mit offenen Armen empfangen. Inklusion wird in vielen Ländern ganz natürlich gelebt. Daher war die erste Reise für uns auch ausschlaggebend dafür weiterzureisen, mehr zu sehen und vielleicht den perfekten Ort für uns als Familie zu finden.

Was war der schönste Moment als Familie bisher?

Ich glaube das erste Mal, als wir mit Yanti auf der Straße in einem kleinen Ort an der Dominikanischen Atlantikküste waren und eine fremde Frau auf uns zukam, nur um Yanti mal kurz auf dem Arm halten zu dürfen und sie zu knuddeln. Genau das war es, was wir uns erhofft hatten von dieser Reise. Dass Yanti endlich die positive Aufmerksamkeit bekommt, die ihr als Kind auch zusteht und wir als Eltern beglückwünscht und nicht bemitleidet werden.

Was war der schwierigste Moment als Familie bisher?

Schwierig ist es immer, wenn gesundheitliche Probleme auftreten. Die ersten drei Wochen nach Yantis Geburt auf der Intensivstation waren schlimm. Überall Schläuche und Kabel. Eigentlich ist es immer schwierig, wenn sie stationär ist. Tatsächlich mussten wir unsere erste Reise damals aufschieben, weil Yanti mit einer Lungenentzündung knapp zwei Wochen auf der Intensivstation lag. Wir waren eigentlich schon so weit, die Reise abzusagen und auf die Sicherheit, die wir in Deutschland haben, zu setzen. Zum Glück haben wir uns doch dagegen entschieden und sind das Risiko eingegangen.

Was ist ein typischer Satz auf euren Reisen?

»Una niña especial.« Das war der Satz eines Verkäufers in der Karibik, als er in Yanti das Downsyndrom erkannte. Es klingt einfach so viel schöner als »Kind mit Behinderung«.

Gibt es einen Song, den ihr mit eurer Reise verbindet?

Nico hatte Yanti schon während der Schwangerschaft oft auf der Ukulele vorgespielt. Ein Song hatte es Yanti anscheinend besonders angetan, denn als wir ihr ihn Wochen später nach ihrer Geburt vorspielten, reagierte sie fast euphorisch darauf. Kling Klang *von* Keimzeit *lief daher fast täglich während unserer ersten Reise.*

Was kosten eure Abenteuer?

Das kommt auf die Region an. Wir versuchen immer eine Nullsummenreise zu planen. Wir vermieten unsere Wohnung in Berlin und geben in den bereisten Ländern vor Ort meist weniger aus als zu Hause. Oftmals ist da sogar der Flug noch drin. Da wir meist so lange an einem Ort bleiben, machen die Hotels oder Hostels, meistens sind es Strandhütten, ganz gute Deals, die eigentlich immer deutlich unterhalb unserer Berliner Miete liegen.

Wie finanziert ihr das?

Da wir beide freiberuflich sind, unsere Arbeit meist frei einteilen und am Computer erledigen können, arbeiten wir unterwegs. Ansonsten würden diese Reisen nicht zustande kommen. Meistens sehen die Menschen, denen wir davon erzählen, auch nicht die Realität so einer Reise. Wir müssen uns innerhalb kürzester Zeit installieren und arbeitsfähig sein. Der Tagesablauf ist strikt. Ab Sonnenaufgang gehen wir abwechselnd surfen. Wenn ich zuerst gehe, wacht Yanti mit Nico auf und umgekehrt. Wenn Nico als Zweites surfen geht, frühstücke ich mit Yanti. Ab spätestens elf Uhr arbeitet einer, derzeit meist Nico, während ich mit Yanti den Tag am Strand, in der Natur oder an einem Pool verbringe und wir abends zum Essen zusammenkommen. Meistens müssen wir dann noch mal weiterarbeiten, wenn Yanti im Bett ist. Manchmal haben wir viel Freizeit und manchmal viel Stress. Es ist eigentlich wie zu Hause auch, nur an einem anderen Ort und barfuß.

Wo seid ihr als Familie in zehn Jahren?

Wahrscheinlich immer noch auf der Suche. Weil's einfach so großen Spaß macht.

Was braucht man, als familiäre Eigenschaften sozusagen, um so etwas zu wagen?

Ich denke, die Frage müsste umgekehrt lauten: Was bräuchte man als Familie in Deutschland, um nicht den Drang zu verspüren, auf Reisen zu gehen? Es mangelt uns in Deutschland an Abenteuern.

Welcher Grund, der einen von solchen Reisen abhalten kann, ist der dümmste?

Es steht mir nicht zu, die Hinderungsgründe von anderen zu bewerten, da Ängste und Sorgen von Mensch zu Mensch so unterschiedlich sind. Für mich persönlich sind Alltagsroutinen dumme Gründe. Je länger ich in ihnen feststecke, desto stärker halten sie mich davon ab, Neues auszuprobieren. Die Gemütlichkeit und Sicherheit des eigenen Nests ist aber für mich nur oberflächlich befriedigend und so werde ich mit der Zeit unzufrieden.

Auf welche Gründe sollte man hören?

Zwei Dinge, auf die ich achte und die es mir bisher ermöglicht haben, keine der vergangenen Abenteuer zu bereuen. 1. Könnte ein Unbeteiligter in Mitleidenschaft gezogen werden? Wenn ja, ist es ein »No-Go«. 2. Bauchgefühl.

Womit hättet ihr niemals gerechnet?

Dass das Reisen als Familie auf einem neuen Level so befriedigend sein kann. Ich dachte, es sei eher zurückgezogen und wir wären meist unter uns, weil ich das aus Berlin so kannte und auch von den Reisen als Paar gewohnt war. Als Paar findet man sich meist mit anderen Paarreisenden zusammen, wird in der Regel von anderen Reisenden oder Einheimischen in Ruhe gelassen. Mit Yanti zu reisen bedeutet, dass ständig Leute auf uns zukommen, in jeder Altersklasse. Yanti ist so etwas wie der Dosenöffner in fremde Kulturen. Hinzu kommt, dass wir Menschen treffen, die auch einen Menschen mit Downsyndrom in der Familie haben. In einem Dorf auf den Philippinen, am Flughafen von Qatar, am Strand in der Karibik. Manchmal fühlen sich die Begegnungen vor Ort, selbst wenn sie nur flüchtig sind, näher an als Menschen zu Hause.

Welches ist das beste Reisebuch, das ihr kennt?

Papillon *von Henri Charrière. Weder Ratgeber noch klassisches Reisebuch, weil unfreiwillige Reise, und trotzdem der spannendste Reisebericht, den ich bisher gelesen habe.*

Was nervt am meisten unterwegs?

Das Gleiche wie zu Hause: krank sein.

Wann bekommt ihr Heimweh?

Tatsächlich kam das bisher nie auf. Einer von uns hat irgendwann den Drang zum Aufbruch, zurück nach Hause oder weiter, zu einem anderen Ort. Heimweh ist für uns eher so etwas wie Veränderungsweh, Neuerfindungsweh, Tapetenwechselweh.

Worauf freut ihr euch zu Hause am meisten?

Auf das Essen. Ich finde es immer wahnsinnig spannend und meist auch lecker, die lokale Küche für die Zeit unseres Aufenthalts mitzugehen, aber es wird an manchen Orten schnell eintönig. Zurück in Berlin gehen wir dann meist in der ersten Woche gleich alle unsere Lieblingsrestaurants besuchen.

Was wird nie mehr so sein wie zuvor?

Im Grunde führen wir ein ähnliches Leben wie zuvor. Wir reisen, wir leben in fremden Kulturen, wir sind im Aufbruch zu Hause. Bloß eben seit drei Jahren mit unserem Kind mit Zusatzchromosom.

Was ist das Schwierigste am Zurückkommen?

Das Zurückkommen ist einer der besten Teile an einer Reise. Schwierig wird es erst, wenn die alten Routinen die neu gewonnenen wieder zu verdrängen beginnen. Der viel zitierte Kulturschock tritt meist erst nach einigen Wochen auf, wenn man realisiert, dass das alte Leben doch einfach so weitergeht und die neu gewonnenen Erkenntnisse sich nicht integrieren lassen. Dagegen hilft nur Verdrängung oder neue Abenteuer. Manche Menschen mit viel Selbstdisziplin bekommen das vielleicht auch anders hin, aber leider zähle ich mich nicht dazu.

Was kommt als Nächstes?

Wir möchten bis zum Schulpflichtalter so viel wie möglich gesehen haben, um zu entscheiden, wo der beste Ort für uns als Familie ist, wo Yanti bestmöglich in der Grundschule lernen kann, wo wir als Paar und auch jeder für sich glücklich sein kann.

KLEINE FLUCHTEN 10

TEMPO À LA KIND

Wie schnell sind wir ohne Stress?

Manchmal wünsche ich mir nichts sehnlicher als eine KPM. Wie herrlich das wäre – und so viel weniger Stress! Ich hätte viel mehr Zeit auszuschlafen, länger zu duschen, besser zu frühstücken … Sie wissen nicht, was eine KPM ist? Eine »Kinder-Picobellomach-Maschine«. Ich muss kurz aus einer meiner Lieblingsszenen in einem Kinderbuch zitieren, damit Sie meine Idee verstehen. Sie kennen das Buch sicher: *Eine Woche voller Samstage* von Paul Maar. Darin geht es um ein lustiges, dickes Wesen im Taucheranzug mit Wunschpunkten im Gesicht. Es heißt Sams und wohnt bei einem Erwachsenen namens Herr Taschenbier. Eines Morgens, Donnerstag, 10. Mai, wacht Herr Taschenbier auf und hat verschlafen. Statt hektisch aufzuspringen, bleibt er erst mal liegen, und zwischen ihm und dem Sams entspinnt sich folgender Dialog:

»Ich wüsste schon, was ich am liebsten täte«, sagte Herr Taschenbier und rekelte sich. »Aber das geht nicht.«

»Was wäre das?«, forschte das Sams.

»Am liebsten würde ich einmal einen ganzen Tag im Bett verbringen und überhaupt nichts tun. Höchstens lesen.«

»Und warum soll das nicht gehen?«, fragte das Sams. »Du hast doch heute frei.«

»Na ja, das macht man halt nicht«, versuchte Herr Taschenbier zu erklären. »Stell dir vor, Frau Rotkohl kommt ins Zimmer und ich liege noch im Bett. Was denkt die dann wohl?«

»Was soll die schon denken?«, sagte das Sams. »[…] Und selbst wenn sie denken würde: Herr Taschenbier liegt noch im Bett – was ist denn schon dabei?«

»Ich hätte wahrscheinlich den ganzen Tag ein schlechtes Gewissen.«

»Ein schlechtes Gewissen!«, äffte das Sams nach. »Ich könnte drei Tage im Bett liegen und hätte keines. Höchstens Langeweile. Du hast es nur noch nie versucht. Heute bleibst du im Bett. Schluss, aus, abgemacht.«

»Und was soll ich essen?«, fragte Herr Taschenbier. […]

»Dafür sorgt die KBA«, erklärte das Sams.

»Die KBA? Was ist denn das?«

»Die Knackwurst-Bring-Anlage«, übersetzte das Sams.

Ich liebe die Idee einer Knackwurst-Bring-Anlage, die das Sams dann auch tatsächlich baut, sodass Herr Taschenbier nicht mehr aufstehen muss. Eine Maschine, die einen füttert, während man im Bett liegen bleiben kann: großartig.

Noch besser als eine KBA, die mir Würste bringt, fände ich allerdings eine KPM, eine Kinder-Picobellomach-Maschine. Ich stelle die Kinder am Morgen (am besten rückwärts auch noch am Abend) rein, drücke auf einen Knopf – und dann kommen sie mit gesundem Frühstück im Magen, angezogen, Haare gekämmt, Zähne geputzt, Schulranzen/Rucksack gepackt und Schuhe/Mütze/Schal angezogen wieder heraus. Nach fünf Minuten etwa. Dann können alle ausschlafen bis kurz vor halb acht, bevor wir aus dem Haus müssen. Hach, wäre das schön! Und was das mit meiner und der Laune meines Partners und am Ende auch meiner Kinder machen würde …

Ab der Krippe, allerspätestens ab der Schulzeit sind die Minuten und manchmal Stunden zwischen Aufstehen und Aus-dem-Haus-Gehen in den meisten Familien die stressigste Zeit des Tages. In der Früh sind sehr viele Menschen müde, knatschig, hungrig. Sie wollen nicht so gern sprechen und am liebsten noch ein bisschen im Bett weiterkuscheln. Stattdessen müssen sie: wecken, antreiben, anziehen, Brote schmieren, Bärte rasieren, Backenzähne massieren – oder eben geweckt werden, angetrieben werden, angezogen und angemeckert werden, je nachdem. Man weiß gar nicht, welche Position nerviger ist: die der erwachsenen Einpeitscher*innen oder die der Kinder, die selten dermaßen gegängelt werden wie in dieser verflixten ersten Stunde des Tages. Auswege: wenige. Die Rahmenbedingungen sind praktisch nicht zu ändern (wenn nicht gerade eine Pandemie um die Ecke schaut). Oder doch?

Zum einen lohnt es sich auch im Morgenchaos, wie eigentlich immer, über den Familien-Tonfall nachzudenken. Stimmt der? Ist er in der Früh besonders gereizt, angestrengt, aggressiv? Probieren Sie mal aus, was passiert, wenn der Antreiber oder die Antreiberin einen Morgen lang nur »flötet«, also in allerhöchsten, gerne übertrieben lieblichen Tönen spricht, mit Liebkosungen und nettesten Aufforderungen statt im gewöhnlichen »Jetzt putz halt mal die Zähne«-Ton. Dass es aus dem Wald herausschallt, wie man hinein ruft, ist, was den Umgang mit Kindern betrifft, kein blödes, sondern ein wirklich sehr wahres Sprichwort.

Der Tipp, den ich an dieser Stelle vorschlagen möchte, geht noch ein bisschen weiter. Er ist zwar nicht durchgehend alltagstauglich, aber es mal zu versuchen, hat zumindest bei uns die Morgendynamik nachhaltig verschoben: Probieren Sie mal aus, was passiert, wenn einen Morgen lang die Kinder (oder das Kind) das Tempo vorgeben. Also ab dem Moment des Aufwachens, der ja in den

allermeisten Fällen aufgrund der Gewohnheit ohnehin nur fünf Minuten hinter dem Wecker liegt. Sie ziehen sich ganz normal an, machen Frühstück und bereiten alles vor. Dann gehen Sie ganz genau auf das ein, was das Kind heute will. Was es anziehen möchte. Mit wie viel Hilfe. Wann ihm die Sache mit dem Zähneputzen einfällt. Während das Kind sich alleine die Schuhe bindet, können Sie ja vielleicht noch mal in der Zeitung blättern. Kein Stress, Kindertempo. Wenn es kurz spielen will, lassen Sie es. Wenn das mit dem Reißverschluss dauert, dann ist das halt so. Irgendwann vor der Haustür entdeckt ihr Kind womöglich eine Blume, die auf dem Bürgersteig wächst. Gehen Sie mit, schauen Sie sich die Blume an, vielleicht muss sie gepflückt werden. Und guck mal, da hinten fliegt ein Vogel davon …

Ich habe dieses Langsamkeitsritual mit meinen Kindern bisher zweimal gemacht. Einmal mit dem Kleineren, was leichter war, weil man im Kindergarten für ein Zuspätkommen nur selten gerügt wird. Und einmal mit dem Schulkind, was für mich innerlich eine härtere Übung war, weil es sich natürlich überhaupt nicht verspäten darf. Überraschend war in beiden Fällen, wie wenig Zeit wir am Ende trotz all der Trödelei hintendran waren. Das ist sicher unterschiedlich, auch je nach Wegstrecke. Im Kindergarten waren wir ungefähr 20 Minuten zu spät, in der Schule nicht einmal 15 Minuten. Erstaunlich fand ich auch, dass die Kinder sich beide Male nicht festgespielt hatten. Der Ablauf war aus eigenem Antrieb vollkommen klar. Vorher dachte ich ehrlich gesagt, meine Kinder würden niemals in der Schule ankommen, wenn wir nicht dauernd aufs Tempo drücken.

Bei meinem (eher regelaffinen) größeren Sohn, der damals in der zweiten Klasse war, machte sich ein eindeutiger Erfahrungseffekt bemerkbar. Nachdem er alleine und eine Viertelstunde zu spät im Klassenzimmer ankam, sagte die Lehrerin erst mal nichts, aber er: »Wir haben heute absichtlich vertrödelt.« Die Lehrerin schrieb später einen kleinen Eintrag ins Postheft, dass er bitte in Zukunft pünktlich kommen solle. Den Eintrag lasen wir am Abend gemeinsam. In diesem Moment legte sich anscheinend ein Schalter in seinem Kopf um. Denn von diesem Morgen an schaute er selbst auf die Uhr. Was nicht heißt, dass er sich nicht trotzdem mal auf dem Klo so in einen Comic vertieft, dass ich wieder drängeln muss. Aber er versteht jetzt tatsächlich besser, warum es am Morgen ein bisschen Zug bei uns braucht.

Eine KPM hätte ich natürlich immer noch gerne. Aber bis die erfunden wird, schaffen wir es auch so. Mit Flöten. Und Tempodrosselung. Bis das letztes Kind 18 ist, sind es ja auch nur noch 4.698 Werktagsmorgen … Uffz.

AUF EINEN BLICK

Kleine Fluchten (10): Tempo à la Kind

Vorbereitungszeit: keine

Umsetzbarkeit (auf einer Skala von 1 bis 6): 2 bis 3

Kosten: keine

Gefahr: Wiederholungswünsche

Gewinn: ein klitzekleines bisschen Gefühl von Eigenverantwortlichkeit bei den Kindern – und ein bisschen Beruhigung bei den Eltern

Das sagen die Kinder: »Warte, ich mal noch schnell fertig.«

120 MINUTEN ZUM TRÄUMEN

Eine ganz einfache Übung für mehr Liebe

Für den Körper das Pilates, für die Wohnung Instagram, für die Kinder ein paar Ratgeber aus dem Kösel-Verlag – und was tun, beobachten oder lesen Sie für Ihre Beziehung?

Es ist immer wieder erstaunlich, wie wenig sich der omnipräsente Optimierungsgedanke als starkes Merkmal unserer Zeit in langjährigen Paarbeziehungen durchsetzt. Oder andersherum: wie tabuisiert das Thema Paarberatung/Therapie immer noch ist. Klar, jeder kennt jemanden, der jemanden kennt, der irgendwo hingeht – und wenn die Trennung wirklich unmittelbar mit ihren hässlichen Fäusten gegen die Küchentür schlägt, dann wollen viele Menschen doch noch mit jemandem sprechen, der es vielleicht retten kann. Soll ja anschließend niemand sagen, man hätte nicht wirklich alles versucht. Das Frustrierendste an ihrem Job, erzählte kürzlich eine befreundete Paartherapeutin, sei die Tatsache, dass Dreiviertel ihrer Klienten zu spät kämen. Dann, wenn nichts mehr zu retten ist. Dabei, da ist sie sich sicher, hätte man ein Jahr vorher mit den meisten dieser Paare noch in alle Richtungen arbeiten können. Und auf jeden Fall mit viel weniger Druck.

Ganz genau: Diese Hinführung soll ein Loblied auf die Möglichkeiten der Paarberatung sein. Am besten – und wenn Sie das Geld haben – gehen Sie ab der Hochzeit alle sechs Wochen aus

Prinzip und präventiv zu einer hin. Yoga macht man ja auch nicht erst, wenn der Rücken schon zwickt. Und das Zeitargument? Ist keins, wie immer. Einfach zwischendurch einen Netflix-Abend weglassen oder mal gemeinsam die Mittagspause mit einer Sitzung verbringen?

Wer weniger Geld hat und dennoch das Gefühl, dass es der Familie gut täte, auf die Paarbeziehung der Eltern zu schauen, findet im Internet ein weit gespanntes Netz von Familienberatungsstellen, die auch Paaren, die in Not sind, kostenfrei Hilfe anbieten.

Für alle, die jetzt zwar innerlich nicken, aber dann doch an dem Gedanken scheitern, den eigenen Partner oder die Partnerin von diesem Vorhaben überzeugen zu müssen: Es gibt auch zahlreiche Möglichkeiten sich daheim, ohne fremde Hilfe, um die Liebe zu kümmern. Oder darum, ab und an upzudaten, was zwei Menschen, die sich dauernd in Veränderung befinden, unter dem Begriff Liebe im Moment gerade verstehen. Eine dieser Möglichkeiten – ich kenne sie in abgewandelter Form als Zwiegespräch aus meiner Ausbildung zur Systemischen Beraterin – möchte ich an dieser Stelle »120 Minuten zum Träumen« nennen. Alles, was Sie brauchen, sind 120 ungestörte Minuten zu zweit und Lust auf ein Experiment, bei dem wirklich nichts schiefgehen kann (oder zumindest nichts, was nicht sowieso irgendwann schiefgehen würde).

Machen Sie es sich gemütlich, sodass Sie einander wach und aufmerksam begegnen können. Packen Sie die Handys weg bzw. stellen Sie den Timer auf 60 Minuten ein und legen Sie los. Die Aufgabe besteht darin, dass jeder 60 Minuten von seinen Träumen erzählt – am Stück und ohne Unterbrechung. Was sind die großen und die kleinen Träume im Leben? Wie haben sich diese Träume verändert? Wo kommen sie her? Wie realistisch sind sie? Wie wichtig? Welche Träume hatten Sie in Ihrer Kindheit, welche wurden bereits erfüllt und welche sind immer noch präsent? Welche können Sie ziehen lassen? Welche sind als Träume womöglich toller als in der Realität? Wie haben sich die Träume mit der Liebe und mit den Kindern verändert? Was hätten Sie sich nie träumen lassen?

Das Wichtigste: Während die eine Person redet, hört die andere 60 Minuten lang nur zu. Keine Bemerkung, kein Witzchen, kein überlautes Lachen. Die Aufgabe des Zuhörers oder der Zuhörerin ist: 60 Minuten Klappe halten. Ohren auf. Augen auch. Beobachten, wohin die Träumer ziehen. Sich überraschen lassen, was der andere alles zu sagen hat, ohne dass Sie davon wussten.

Nach 60 Minuten klingelt der Timer, Sie können gerne eine eher geräuschlose kleine Pause machen und einen Tee trinken, dann werden die Rollen getauscht. Noch mal 60 Minuten: Eine Person spricht, die andere hört zu. Bis der Timer klingelt. Noch eine kleine Aufgabe zum Abschluss, dann ist Ihre hausgemachte Paarsitzung auch schon beendet: Versuchen Sie nach dem Experiment nicht unmittelbar darüber zu sprechen, was Sie gehört haben, was Sie gewundert hat, geärgert oder gefreut. Lassen Sie es sich erst einmal ein paar Tage setzen. Und wachsen. Ärger verweht. Freude bleibt. Und kann zum Lieblingsstoff der nächsten Wochen werden.

Wenn Ihnen das Experiment gefallen hat und Sie erstaunt waren, wie viel Sie zu erzählen hatten, wohin die Gedanken fließen, wenn man nicht unterbrochen wird, wie viel Spaß es macht, 60 Minuten am Stück zu reden – und wie viel Freude es dann auch macht, 60 Minuten zuzuhören; wie schwierig das in manchen Momenten sein kann und gleichzeitig wie wichtig, da die Gedankengänge des anderen ohne Einwände viel neuer und überraschender sind, als man das vielleicht gedacht hätte – dann lässt sich das Experiment mit allen Themen, die Sie beschäftigen, wiederholen.

120 Minuten über Ihre eigenen frühesten Kindheitserinnerungen. 120 Minuten über das, was Sie, seit Sie selbst Kinder haben, an Ihre eigene Kindheit erinnert. 120 Minuten über die gemeinsamen Jahre als Paar und Eltern. Reden und Zuhören. Immer im Wechsel. Vielleicht machen Sie eine wöchentliche oder monatliche Verabredung daraus? Empfehlenswert, wenn Sie tiefer einsteigen möchten, ist auch das Buch *Die Wahrheit beginnt zu zweit: Das Paar im Gespräch* von Michael Lukas Moeller, der so etwas wie der Erfinder des Zwiegesprächs ist, das in den allermeisten Gesprächskonstellationen unseres Lebens immer wieder wertvoll sein kann. Denn wer immer nur selber spricht, erfährt nichts.

AUF EINEN BLICK

Kleine Fluchten (11): 120 Minuten zum Träumen

Vorbereitungszeit: Verabreden für ungestörte zwei Stunden

Umsetzbarkeit (auf einer Skala von 1 bis 6): 1 bis 3, je nach Zeitbudget

Kosten: keine

Gefahr: Streit, der irgendwann aber sowieso aufgekommen wäre

Gewinn: Liebe

Das sagen die Kinder: »Macht ihr wieder Laber-Abend?«

KLEINE FLUCHTEN 12

JAULEN UND JOHLEN!

Weshalb es hilft, ab und an wieder das Kind in sich zu spüren

Erinnern Sie sich an den Moment, in dem Sie erwachsen wurden?

Ich war 13. Es war an einem Samstag, und meine zwölfjährige Freundin aus dem Nachbarhaus wollte im Garten mal wieder mit mir zelten. Wir hatten das seit Tagen ausgemacht, und sie freute sich beim Zeltaufbau genauso auf die kuschelig-gruselige Nacht auf halber Höhe zwischen unseren Haustüren, wie ich mich eine Woche vorher auch noch darauf gefreut hatte. Das Problem: Ich hatte am Vorabend den ersten Alkoholrausch meines Lebens gehabt. Ohne die Nachbarsfreundin, mit ein paar Mädchen und Jungs aus der Schule. Wir hatten Baileys an der Isar getrunken, und ich erinnere mich, dass ich überaus fasziniert davon war, wie fest ich mich plötzlich auf die Wiese schmeißen konnte, ohne Schmerzen zu empfinden.

Etwa 14 Stunden nach diesem Erlebnis lag ich nun also in einem über mir bereits halb aufgebauten, labbrigen Zelt und wollte einfach nur schlafen. Meine Freundin wusste nicht, was los war. Wieso haute ich denn nicht wie sonst immer freudigst die Heringe in die Erde? Ich dachte: »Wer zeltet schon in seinem Garten, wenn er ein paar Meter weiter sein Bett stehen hat?« Und dann: »Das machen doch nur Kinder!« Es war ein seltsames Gefühl. Ich war traurig, weil ich wusste, dass die Freude und Aufregung, die ich über Jahre dabei empfunden hatte, im Garten zelten zu dürfen, nie mehr zurückkommen würde. Und gleichzeitig war ich so müde!

Was man in solchen Momenten nicht ahnen kann: Es gibt doch noch eine Zeit im Leben, in der die eigenen Kindheitsgefühle zumindest wieder zum Greifen nahe sind. Wenn man möchte, kann man sich auch ab und zu in sie hineinfallen lassen. Es ist die Zeit, in der man Kinder im Haus hat. Nichts macht es Erwachsenen so einfach, kindliche Leichtigkeit wiederzuentdecken, wie das Beobachten von Kindern und der Kontakt mit ihnen. Probieren Sie es mal aus: Machen sie einfach mal genau das, was Ihre Kinder tun. Es kann Wunder wirken.

Es gibt zwei ganz besondere Gelegenheiten, in denen ich meine Kinder als Stegreif-Vorbild nutze, um in die Leichtigkeit zu kommen: Ich stimme manchmal akut in das Jammern meiner Kinder mit ein – aber auch in ihr Lachen.
Das Mitjammern dreht die aktuelle Situation auf den Kopf. Das Beste, was in angespannten Momenten passieren kann! Ich meine diese Momente, in denen man nicht mehr vor noch zurück weiß. Momente mit tobenden Dreijährigen (»Ich wollte die Schuhe aber selbst anziehen!!!!«) oder dauerjammernden Präteenies (»Ich habe doch schon letzte Woche geduscht!!«) oder Achtjährigen, die beschließen, für immer Hunger zu haben. Wenn man in solchen Momenten an seine Kinder nicht mehr wirklich rankommt, kann es helfen, urplötzlich aus der Erwachsenenrolle auszubrechen und in genau gleichem Tonfall wie das Kind, am besten doppelt so laut, einfach mitzujammern. Ohne Text, aber gleiche Tonspur: »Juhuhuuuuu! Mimimiiii! Ohohohhhhhh!« Nicht einmal, sondern mehrmals, ausdauernd. Und nicht auslachend, bejammernd oder überheblich. Sondern so, dass sich auch bei Ihnen selbst ein reinigender Effekt einstellt. Ist ja auch gemein und ungerecht manchmal, diese Welt! Dann jammern wir jetzt halt gemeinsam, statt uns anzumeckern, endlich mit der Jammerei aufzuhören.

Drei Effekte, die der Mitjammer-Trick bewirken kann: Sofortiges Einstellen der Jammerspur des verdutzten Kindes und Verschiebung der Aufmerksamkeit auf Sie als Elternteil.

1. Sehr reinigende, öffnende, expressive Wirkung auf den eigenen Gemütszustand. Fast wie Mantra-Singen, ein langes tiefes Om beim Yoga oder ein Jodelkurs.
2. Wenn es gut läuft, stimmen andere Familienmitglieder, vielleicht die Jammerkinder selbst, irgendwann wieder in

die Tonspur ein, aber dieses Mal nicht, um sich zu beklagen, sondern einfach, um dabei zu sein. Und das kann am Ende richtig lustig werden.

Während das Mitjammern sparsam eingesetzt werden sollte, sind dem Mitlachen keine Grenzen gesetzt. Überhaupt: Humor. Die Paartherapeutin, die mein Freund und ich ab und zu besuchen, zitiert fast in jeder Sitzung Ringelnatz: »Humor ist der Knopf, der verhindert, dass uns der Kragen platzt.«

Die Lieblingswitze der drei Jungs hier zu Hause sind im Moment:

»Was frisst Karotten und hält die Wohnung warm? – Ein Kaminchen.«

Der kleine Tim hilft einer Nonne aus dem Bus. Sagt die Nonne ganz lieb: »Vielen Dank, sehr nett von dir!« – »Bitte sehr. Zorros Freunde sind auch meine Freunde!«

Der Vater liest vor. Nach einer halben Stunde öffnet die Mutter leise die Tür: »Ist er eingeschlafen?« – »Ja, endlich«, antwortet der Sohn.

Nicht witzig? Typisch. Die relativ junge Wissenschaft der Lachforschung (Gelotologie, von Griechisch *gelos* für ›lachen‹) hat herausgefunden, dass Erwachsene nur etwa 15 Mal am Tag Lachen. Kinder hingegen 400 Mal. Schön blöd. Für die Erwachsenen. Denn Lachen ist gesund, sogar im medizinischen Sinne. Es treibt mehr Sauerstoff durch den Körper, diverse Muskeln werden trainiert, das Herz wird besser durchblutet. Der Psychologe Willibald Ruch hat sogar bewiesen, dass Lachen gegen Schmerzen hilft. Er ließ achtzig Probanden ihre Hand in eiskaltes Wasser tauchen und erst wieder herausziehen, als der Schmerz nicht mehr erträglich war. Die Probanden konnten das kalte Wasser wesentlich länger aushalten, wenn sie vorab eine Folge *Monty Python* und *Mr. Bean* angeschaut hatten. Was heute ebenfalls feststeht: Lachen ist eine Trainingsfrage. Man kann es üben und muss dafür nicht einmal ins Lachyoga gehen. Das Witzigste, was es auf der Welt gibt, haben wir ja eh zu Hause: Kinder.

Ich bin mir bewusst, dass der Tipp »Lachen Sie doch mal wieder mehr!« schnell etwas Passiv-Aggressives haben kann. Die Idee, absichtlich zu lachen, klingt blöd, weil Lachen ja eigentlich etwas Anarchisches ist. Es geht hier eher darum, die innere »Lach-Bremse« zu lösen, also sich einfach unbeschwerter darauf einzulassen, mit den Kindern über möglichst jeden Quatsch zu lachen. Die Gelegenheiten sind zahlreich. Das sinnfreie Mitlachen, das ich meine, kann man besonders gut bei Drei- bis Fünfjährigen beobachten. Nämlich dann, wenn sie gar nicht genau wissen, weshalb gelacht wird – aber trotzdem herzhaft mitlachen, weil es einfach so schön ist, dass alle lachen.

Kinder üben dabei zur Situation passendes soziales Verhalten. Auch Erwachsene lachen nachgewiesen dreißig Mal öfter in Gesellschaft als allein, Frauen öfter als Männer und Chef*innen seltener als ihre Mitarbeiter*innen – ein weiterer Hinweis, dass Lachen nicht nur Lust und Reflex, sondern auch Training, Einlassen und Kontext ist.

Kinder zu beobachten hilft außerdem immer. Als unser jüngster Sohn vier Jahre alt war, fragte er mich, während er in meiner Armkuhle kuschelte, weshalb ich einen Bart unter den Achseln hätte. Sein älterer Bruder erzählte mir im Alter von sechs Jahren, dass er später einmal zwei Kinder bekommen werde, weil die Kinder ja aus den Hoden kämen und davon habe er schließlich zwei. Und als uns letztens im Stockdunkeln auf dem Bürgersteig ein schneller Radler mit Stirnlampe entgegenkam, schrie der Kleine: »Mama! Guck mal!! Da fliegt ein Stern fast auf der Erde auf uns zu!«

Wem jetzt weder die Witze noch meine witzigen Kinder geholfen haben, um wenigstens ins Schmunzeln zu kommen: Vielleicht sind Sie kitzlig? Lassen Sie sich doch heute Abend von Ihren Kindern mal so richtig von Kopf bis Fuß durchkitzeln. Oberschenkel Innenseite: besonders fies.

AUF EINEN BLICK

Kleine Fluchten (12): Jaulen und johlen!
Vorbereitungszeit: eine Sekunde
Umsetzbarkeit (auf einer Skala von 1 bis 6): mit etwas Übung 0
Kosten: keine
Gefahr: Das Mitjammern nicht ganz so oft einsetzen, es besteht die Gefahr der Abnutzung. Mitlachen kann Essensschlachten, Badezimmer unter Wasser, Rotz-Abdrücke am Autofenster zur Folge haben.
Gewinn: Jammern sorgt für Irritation und Entspannung, Lachen bremst die Produktion der Stresshormone Adrenalin und Kortisol. Stattdessen wird das Glückshormon Serotonin ausgeschüttet.
Das sagen die Kinder: Wenn wir über ihre Witze lachen: »Ich hab noch einen: …« – und wenn wir gemeinsam jammern: »Die Mama kann sehr gut Wolf spielen.«

MUTTER-KIND-REISE

»Bevor ich 50 werde,
muss ich noch mal weg …«

… dachte sich Konditormeisterin Anke Margarethe Pfeifer aus Lübeck seit der Geburt ihres Sohnes York. 2011 war es dann so weit. Ihr Sohn war neun Jahre alt, sie selbst 47. Ein Jahr reisten sie zu zweit, erst nach Irland, dann Amerika und schließlich nach Australien.

Frau Pfeifer, wann hatten Sie das erste Mal die Idee, mit Ihrem Sohn eine große Reise zu machen?

Eigentlich in dem Moment, als er geboren wurde. Ich musste damals mein Leben komplett umstellen. Vor der Geburt hatte ich eine Konditorei mit eigenem Café, aber das ist kein schönes Leben für ein Kind. Ich hatte nie freie Wochenenden, nie Urlaub und es war immer so viel zu tun. Schon in der Schwangerschaft beschloss ich deshalb, das Café aufzugeben und nur noch auf Bestellung zu arbeiten. Ab da war auch die Idee in meinem Kopf: Jetzt wo ich keine Öffnungszeiten mehr bedienen muss, könnte man ja einfach auch mal länger wegfahren.

Es hat dann trotzdem neun Jahre gedauert, bis Sie sich mit York auf die Reise gemacht haben.

Die Zeit nach der Grundschule war schnell im Fokus. Ich hatte meinen Sohn früh eingeschult und fand ihn dann vier Jahre später doch noch etwas zu klein für die nächste Schule. Ein neunjähriges Kind ist noch jung genug, um sehr eindeutig zu wissen, dass ich als Mutter »überlebenswichtig« bin, aber alt genug, um sich auch gut erinnern zu können.

Und wo ging es dann hin?

Im Frühjahr ging es erst mal nach Irland. Das Land liebe ich schon immer. Dort blieben wir fast acht Monate und York besuchte auch eine Schule. Dann fuhren wir kurz nach Lübeck zurück, packten unsere Koffer um und flogen erst nach Amerika, wo ein Halbbruder von York lebt, und dann nach Australien. Weil ich dem Kind all die Monate immer so von Bali vorgeschwärmt hatte, sind wir dann über Bali und Singapur zurück.

Wie lange hat die Planung von der Idee bis zur Umsetzung gedauert?

Mit der groben Planung habe ich ein Jahr vor der Reise begonnen. Aber die meisten Reisen und auch die Zeiträume, wie lange wir wo waren, sind dann doch recht spontan entstanden.

Was war Ihre größte Sorge zu Beginn?

Ich hatte Angst, dass mein Sohn unterwegs nicht glücklich sein könnte. Und er hatte glaube ich Angst, dass seine Freunde ihn vergessen könnten. Beides ist zum Glück nicht passiert.

Was war das Schönste, was die Reise mit Ihnen als Familie gemacht hat?

Es gibt so viele schöne Momente für mich mit York. Ich genieße es einfach, mit ihm Zeit zu verbringen. Wir haben denselben Humor und können uns aufeinander verlassen. Es gibt eine Verbindung zwischen uns, die ich bei Eltern und Kindern manchmal vermisse. Ich wünsche mir, dass dieses Verständnis füreinander für immer so bleibt.

Haben Sie und Ihr Sohn ein Lebensmotto?

Nicht wirklich, ich bin kein Mottomensch. Ich tue, was getan werden muss. Berufliche Dinge erledige ich gleich, Sachen wie Putzen oder Aufräumen schiebe ich gerne vor mir her. Ich bin offen und interessiert, möchte niemanden verletzen oder schlecht behandeln und versuche sehr ehrlich zu sein. Zu mir und meinem Gegenüber. Diese Dinge an meinen Sohn weiterzugeben, dafür war die Reise auch wichtig.

Wie viel hat die große Reise gekostet?

Das habe ich mir nicht gemerkt. Ich bin nicht so der Buchführungstyp.

Und wie haben Sie die Reise finanziert?

Wir haben unser Haus vermietet, das ganze Jahr, in dem wir weg waren. Mit diesem Geld konnten wir reisen. Unsere Unterkünfte waren sparsam, Hostels, Campingplätze, Hütten. Manchmal war auch was richtig Schönes dabei, aber oft waren es auch einfach nur Notunterkünfte. Aber für eine einzelne Nacht geht das schon …

Was war mit Ihrem Job, während Sie weg waren?

Da ich selbstständig bin, konnte ich nach unserer Rückkehr einfach da weitermachen, wo ich aufgehört hatte. Den regelmäßigen Kunden hatte ich natürlich Bescheid gesagt. Sie fanden das traurig, aber im Grunde kein Problem.

Wie haben Sie das Schulthema gelöst?

Für Irland habe ich ihn aus der Schule in Deutschland genommen und dort eingeschult. Den Rest der Reise habe ich einfach unter den Tisch fallen lassen …

Wo sind Sie beide als Familie in zehn Jahren?

Hoffentlich immer noch mit viel Spaß unterwegs, es gibt nicht wirklich einen Plan. Das wird sich schon zeigen.

Was sind die drei wichtigsten Dinge, die Sie und Ihr Sohn als Familie auf der Reise gelernt habt?

Dass es viel Freude macht, mit einem Menschen, den man liebt und dem man vertraut, unterwegs zu sein. Und dass es überall tolle andere Menschen gibt.

Was braucht man als familiäre Eigenschaften, um unterwegs zurechtzukommen?

Verständnis, Vertrauen und das Vermögen, jedem seine eigenen Interessen zuzugestehen. Man muss Dinge gemeinsam entscheiden können. Also gleichberechtigt denken, selbst wenn der andere noch ein Kind ist.

Welchen Grund, der gegen eine solche Reise sprechen könnte, können Sie nicht ernst nehmen?

Alles, was hinter dem Satz »Das passt gerade nicht« steckt.

Welches Buch ist Ihnen und Ihrem Sohn als Familie während des Abenteuers besonders ans Herz gewachsen?

Ich habe unterwegs eigentlich nur Reiseführer gelesen. Ein Buch haben wir nicht dabei gehabt. In Irland waren wir aber mal in der Bücherei. Aber da habe ich jetzt auch keine besonderen Erinnerungen.

Und welches war der beste Reiseführer?

Ich hatte einfach normale Reiseführer dabei, Baedeker, DuMont, Lonely Planet. Außerdem hab ich mich natürlich über die Tier- und Pflanzenwelt in Australien informiert, damit wir nicht aus Unwissenheit grobe Dummheiten begehen.

Was hat unterwegs am meisten genervt?

Eigentlich nichts, man macht das ja freiwillig. Als ich wieder daheim war, habe ich es aber sehr genossen, nicht mehr ständig den Koffer aus- und einpacken zu müssen.

Gab es auch mal Heimweh?

Ich hatte kein Heimweh, York hat aber schon ab und an seine Freunde und eine vertraute Umgebung vermisst.

Und auf was freut man sich dann zu Hause am meisten?

Auf eine eingerichtete Küche und dass man keine Waschmaschine suchen muss. Und auf die Freunde natürlich.

Was war nach der Reise nie mehr wie zuvor?

Für mich hat sich nicht so viel Grundlegendes verändert. Aber York ist zu einem sehr offenen und toleranten jungen Menschen herangewachsen. Wie viel davon von unserer Reise kommt, kann ich nicht sagen. Vielleicht war er ja auch einfach immer schon so.

MATRATZENLAGER

Über die einfachste, komplizierteste Tätigkeit der Welt

Über wenige Themen des Familienalltags gibt es so viele Bücher, wissenschaftliche Erkenntnisse und gut gemeinte Ratschläge wie über das Thema Schlafen. Denn das Gegenteil von Schlafen – wenig oder gar kein Schlaf – kann jedem Menschen das Leben zur Hölle machen. Schlafmangel ist in den meisten Familien von Beginn an eine große Angst und leider oft Realität. Babys schlafen in kürzeren Intervallen als Erwachsene, Kleinkinder kriechen zu uns ins Bett und stecken uns eine halbe Stunde später ihre reizenden Zehen ins Nasenloch, um dann die ganze Nacht wie ein Helikopter über die Matratze zu kreiseln. Schulkinder verschlafen morgens und wollen abends trotzdem nicht rechtzeitig schlafen gehen. Pubertierende schlurfen nachmittags noch im Schlafanzug herum.

Schlafen ist eine individuelle Angelegenheit. Ob Kuscheltier-Liebhaber, Nachtarbeiterinnen oder Sonntagsausschläfer – es gibt viele unterschiedliche Rituale und Möglichkeiten. Wenn wir genauer hinsehen, fällt aber auf, dass auch beim Schlaf viel weniger selbst gewählt ist, als wir denken. Wie wir schlafen, wird extrem von gesellschaftlichen Zwängen und Dogmen bestimmt und hat sich im Laufe der Menschheitsgeschichte immer wieder stark verändert.

Der amerikanische Kulturwissenschaftler Benjamin Reiss hat 2017 ein Buch über die Kulturgeschichte des Schlafens mit dem schönen Titel *Wild Nights* geschrieben. Er bewundert darin vor allem die Flexibilität des Menschen: »Ein Grund, warum sich Menschen auf dem ganzen Planeten ausbreiten konnten, ist, dass sie ihre Schlafgewohnheiten besser an ihre Umgebung anpassen können als andere Primaten«, schreibt er. Das normierte nächtliche Schlafen im Sinne von sechs bis sieben Stunden (Durchschnittswert für Erwachsene in Deutschland), das wir heute für ideal halten, ist dabei historisch gesehen ein eher junges Phänomen. Viele Jahrtausende schliefen Menschen je nach Jahreszeit, Licht- und Wetterphasen und wahrscheinlich allein aus Gründen der Sicherheit (Nachtwache) in mehreren kürzeren Abschnitten und in Gruppen – und nicht verteilt in Ein- bis Zweibettzimmern eine ganze Nacht am Stück.

Den Schlaf der Menschen zu vereinheitlichen und damit auch zu kontrollieren, war ein kapitalistisches Projekt. Ende des 18. Jahrhunderts wurde »die Verbindung zwischen Lichtphasen und Schlafphasen endgültig gekappt«, schreibt Reiss. Verantwortlich dafür war vor allem die Industrialisierung. Mit der Entwicklung von Maschinen, die Punkt sieben Uhr von Arbeiter*innen in Betrieb genommen werden mussten, um maximal ausgelastet zu sein, gerieten die Jahreszeiten in den Hintergrund. Die Erfindung des elektrischen Lichts beschleunigte diese Entwicklung. Die Gesundheitsreformer des 19. Jahrhunderts verurteilten außerdem den Gruppenschlaf in einem gemeinsamen Zimmer als Brutstätte von Infektionen und inzestuöser Unsitte. Reiss dazu: »Die Erfindung der nächtlichen Privatsphäre diente also auch zur Aufrechterhaltung der öffentlichen Moral.« Zudem sei Schlafen ein Symbol dafür gewesen, beim sozialen Wandel mitzuhalten. »Co-Schlafen war das, was die anderen, die Wilden, die Armen machten.«

Dass Schlafgewohnheiten nicht naturgegeben, sondern gesellschaftlich geprägt sind, kann man im Kleinen gut beobachten, indem man die »Schlafregeln« aus Elternratgebern über die Jahre betrachtet. Es reicht schon, nur wenige Jahre zurückzugehen. Als mein ältester Sohn auch nach acht, neun Monaten nachts einfach nie über mehrere Stunden zur Ruhe kommen und mehrfach auf dem Arm im Zimmer herumgetragen werden wollte, gab es – so kam es mir und den mich umgebenden Eltern vor – keine andere Möglichkeit als das Schlafprogramm. Jeder wusste damals, was damit gemeint war: *der* Ratgeber-Bestseller der Nullerjahre, *Jedes Kind kann schlafen lernen* von Annette Kast-Zahn und Hartmut Morgenroth.

Das Buch empfiehlt als Durchschlaflehre die sogenannte »Ferber«-Methode, nach einem Bostoner Professor, der Kinder mit Schlafstörungen behandelte. Vereinfacht ausgedrückt, besteht das Programm darin, dass man das nachts schreiende Kind liegen lässt, verbal beruhigt und dann für immer größer werdende Zeiträume aus dem Zimmer geht. Irgendwann, nach vielen durchgebrüllten Stunden, schläft das Kind erschöpft ein und nach ein paar Nächten braucht es – so die Theorie – keine Beruhigung mehr. Man hat die Babys sozusagen zum Durchschlafen trainiert.

Aus unserer damaligen Elternperspektive hat das Programm funktioniert. Nach drei Nächten hat unser Sohn durchgeschlafen, und es blieb auch von da an mehr oder weniger dabei. Ich erinnere mich aber auch noch sehr genau an die Szene, wie ich mitten in der zweiten Nacht aufgeben, das Kind in den Arm nehmen und einfach nur trösten wollte, mein Partner aber, in solchen Situationen »konsequenter funktionierend«, mich mit der Aufforderung vor die Tür schickte, ich solle mal spazieren gehen. Vor lauter Verzweiflung hatte ich nicht mal eine Jacke dabei, geschweige denn einen Schlüssel. Also irrte ich im März nachts um zwei im Schlafanzug über die Straße und hatte neben meinen starken Mitleidsgefühlen für meinen Sohn auch noch Angst, dem Bäcker oder Zeitungsausträger in diesem Outfit auf der Straße zu begegnen. Da ich nicht klingeln wollte, klopfte ich irgendwann, als ich das Gefühl hatte, die Lage habe sich beruhigt, an unsere Haustür. Das Baby fing sofort wieder an zu schreien. Für den dritten Versuch übernachtete ich bei einer Freundin und überließ Kind und Mann komplett alleine der Methode, um dann ab der vierten Nacht überall herumzuerzählen, wie toll uns das Buch geholfen hat.

Unser Größter blieb das einzige Kind, bei dem wir die Methode anwandten. Fünf Jahre später, beim zweiten Kind, waren das Buch und die darin beschriebene Sicht auf das Baby zumindest in meinem Umfeld schon recht umstritten. Jetzt, mit Kind vier, kommt es mir vollkommen absurd vor, dass wir das gemacht haben. Ich denke viel darüber nach, warum wir so ungeprüft und gegen unsere Intuition dieser »Anleitung« gefolgt sind, welche Anteile dieser Perspektive auf Kinder wohl noch immer in uns stecken und diese heimlich »erziehen« möchten.

Das Thema Schlaf steht dabei für eine größere Entwicklung, die wir als Familie über die Jahre durchgemacht haben. Es steht für die Suche nach einem eigenen Stil und einer Haltung, in der wir uns als Familie wohlfühlen. Seitdem sind wir weniger gestresst.

Mein Partner und ich haben durch Erfahrungen, Gespräche, Texte und Bücher von Autor*innen wie Nora Imlau, Jesper Juul, Susanne Mierau, Philippa Perry oder Herbert Renz-Polster den Blick auf Kinder und auf unsere Aufgabe als Eltern über die Jahre stark gewandelt. Wir haben unsere eigenen Prägungen hinterfragt und versuchen das in unserem Handeln zu erkennen und zu reflektieren. Das gelingt nicht immer. Aber immer öfter. Wir versuchen jeden Tag aufs Neue zu verinnerlichen, dass es im Familienleben um Beziehung statt um Erziehung geht. Mit einer kindzentrierten Betrachtungsweise, die sich schon im Kleinkindalter um Augenhöhe statt um Machterhalt bemüht. Gerade in schwierigen Situationen funktioniert es für uns nachhaltiger, mit Kindern in eine authentische Kommunikation zu treten, statt sie zu trainieren. Wir versuchen, die Kinder in ihrer Individualität zu sehen und gleichzeitig Kinder sein zu lassen.

Was dieser kleine Exkurs mit nächtlichen Kinderfüßen im Nasenloch zu tun hat? Ganz einfach: Das Thema Schlafen ist in der Regel im Familienleben so omnipräsent, dass es sich gut dafür eignet, die eigene Haltung als Eltern zu reflektieren und eventuell auch zu verändern.

Unser Weg zu einem neuen Blick auf das Schlafthema begann, wie so oft im Elternleben, mit der ganz bewussten Entscheidung, uns von außen nicht stressen zu lassen. Das heißt: keine Ratschläge zum Beispiel von Großeltern mehr anzunehmen, die einem zuflüstern, dass es nicht gesund ist, wenn der Dreijährige noch immer die halbe Nacht bei Papa in der Armkuhle verbringt. Oder von der besten Freundin, die findet, dass das Sexleben gestört sein muss, wenn man schon seit einem Jahr nachts mit zwei Kindergartenkindern auf vier Matratzen am Boden liegt – die unkomplizierteste Art des Familienbetts, auf die es einfach ab und zu hinausläuft. Oder auch gar nicht ab und zu: Eine Kollegin hat sich zum selbst gebastelten Vier-Menschen-Familienbett (einfach mal »Familienbett Ikea Hack« googeln) erst durchringen können, als beide Kinder schon fast in der Schule waren. Hätte sie gewusst, wie sehr es ihren Alltag entspannt, hätte sie es Jahre vorher entworfen, erzählte sie glücklich.

Meine eigene Familie verbringt die Nächte im Moment so: Die drei größeren Kinder schlafen in zwei Zimmern und zwei Stockbetten ein und wir Eltern im Schlafzimmer mit dem Baby im Doppelbett. Gegen zwei Uhr kommt der Fünfjährige zu uns, mit Decke und Kissen ausgestattet. Ich stille dann das Baby und ziehe anschließend allein ins Kinderzimmer um, unten ins Stockbett des Ältesten. Gegen vier Uhr kommt Kind Nummer drei ebenfalls ins Ehebett, allerdings ohne Bettzeug, weshalb er sich direkt auf seinen Vater unter die Decke legt. Um halb sieben klingelt oben im Stockbett der Wecker. Ich schleiche mich zurück ins Schlafzimmer, wo ich Vater und Drei-Kinder-Verhau ineinander verknotet vorfinde und leider unter der Woche aufwecken muss. Nur ich darf mich wieder zum Baby ins Bett kuscheln. Noch mal stillen – und weiterschlafen, bis der Vater mit allen großen Kindern aus der Haustür raus ist.

Sie finden, die Wanderbewegungen nachts in unserer Wohnung klingen anstrengend? Fanden wir auch. Bis wir uns eines müden Abends dazu entschieden haben, sie zu akzeptieren und wann immer möglich auch zu genießen, weil es sich schließlich nur um Jahre handeln kann. Schneller, als wir alle gucken können, steigt niemand mehr zu uns in Bett.

Womit wir bei der Idee wären, wie man familiäre Schlafnähe genießen kann, ohne gleich das ganze Bett aufzusägen oder zu riskieren, dass dauernd alle aufeinander liegen. Gute Freunde machen es nur an Weihnachten, aber es lässt sich auch regelmäßig einrichten, vielleicht ein oder zwei Mal im Monat. Die Idee ist, dass alle in einem Zimmer übernachten. Ein wunderbarer kleiner Miniurlaub als Familie sozusagen. Wie Camping im Wohnzimmer, nur mit eigenem Bad. Legen Sie dafür alle Matratzen, die sich bewegen lassen, auf den Boden ins größte Zimmer, und dann schlafen Sie alle gemeinsam dort. Sie werden sehen: Das macht Spaß, und womöglich schlafen sie zusammen viel besser als jeder allein in seinem Bett. Umarmen Sie die Umarmungen.

AUF EINEN BLICK

Kleine Fluchten (13): Matratzenlager
Vorbereitungszeit: eine halbe Stunde Aufbau
Umsetzbarkeit (auf einer Skala von 1 bis 6): 2
Kosten: keine
Gefahr: Die Matratzen bleiben liegen und aus der Ausnahme wird Programm.
Gewinn: Die Matratzen bleiben liegen und aus der Ausnahme wird Programm.
Das sagen die Kinder: »Im Sommer ziehen wir auf den Balkon!«

KLEINE FLUCHTEN 14

DAS »JEDER ERZÄHLT SEINEN TAG«-RITUAL

Wie wir Alltagssehnsucht besser aushalten

Erinnern Sie sich an den Moment, als Sie Ihr ältestes Kind das erste Mal für einen ganzen Tag in einer Betreuungseinrichtung gelassen haben? An die erste räumliche Trennung nach den ersten innigsten Lebensmonaten oder auch Jahren, die viele von uns physisch und psychisch in absoluter Nähe zu unserem Kind verbringen? Ich jedenfalls habe mehr als eine Träne vergossen an diesem Tag. Auch wenn ich mir vorab und theoretisch sicher war und bin: Das geht schon in Ordnung mit der Betreuung woanders und ohne mich.

Was mich so traurig gemacht hat, war das Gefühl, dass ich das erste Mal einen echten Abschied von meinem noch so kleinen Kind genommen habe. Ich habe es losgelassen, damit es einen Schritt in seine Selbstständigkeit geht. Bei genauerem Hinsehen beginnt dieser Trennungsprozess schon viel früher. Bereits die Geburt ist ja eine Art Trennung, dann das Abstillen, die erste Nacht im eigenen Zimmer … Aber dass mein Kind über die Hälfte der wachen Stunden seines Tages nicht mit mir oder seinem Vater, sondern mit anderen Menschen und in einer anderen Umgebung verbringt, das hat mir doch einen tiefen Stich versetzt. Zumal mein Kind noch so klein war, dass es mir nicht einmal davon erzählen konnte.

Das Bewusstsein des dauernden Abschieds, das Elternschaft auch bedeutet, ist anstrengend. Denn der nächstgelegene Gedanke zu dieser leisen, aber stetigen Wehmut ist: Warum verbringe ich dann nicht jede Minute mit meinem Kind? Ohne Arbeit, ohne Pflichten, ohne anderes, um das man sich dauernd kümmern muss? Warum konzentriere ich mich nicht ausschließlich auf unser Zusammensein in den – im Verhältnis zum Leben gesehen – doch eher wenigen Jahren, die mein Kind bei mir ist und auch sein möchte?

Die logischen Gründe, dieser Sehnsucht nicht zu folgen, liegen auf der Hand: Man geht arbeiten, um Geld zu verdienen. Eine gewisse inhaltliche Erfüllung wird vielen Jobs ebenfalls nachgesagt. Wenn man zehn Jahre aussetzt, kann es – Rushhour des Lebens – auch gut sein, dass es danach beruflich beschwerlicher weitergeht. Ganz abgesehen von der Perspektive des Kindes: Vielleicht will es gar nicht seine ganze Kindheit mit den Eltern verbringen?

Doch auch bei uns Eltern gibt es das Gefühl und oft auch die reale Erfahrung nach den ersten Babymonaten, dass komplette Tage mit dem Kind zwar sehr erstrebenswert und schön klingen, aber auch extrem anstrengend und herausfordernd sein können – oft viel anstrengender als ein Tag im Büro. Da ist zum einen die physische Beanspruchung. Hinzu kommt die mentale Anstrengung und die damit verbundene Gefahr, aufgrund des 24-Stunden-Babyversorgens emotional oder auch sozial zu vereinsamen. Viele von uns sind es schlicht nicht gewohnt, so viel Zeit mit sich selbst (und dem sausüßen, aber noch nicht besonders eloquenten Baby) zu verbringen.

Viele Eltern leben über Jahre mit dem wachsenden inneren Widerspruch, dass die Sehnsucht, mehr Zeit mit den Kindern zu verbringen, mit dem Alltag nicht zu vereinbaren ist. Dabei ist es kein individuelles Problem, zwischen dem Wunsch nach mehr Familie und dem Gefühl, im Job gerne mehr erreichen zu wollen, zerrissen zu sein. Es ist eine grundsätzliche Herausforderung für die meisten modernen Eltern. Manchmal hilft es, sich dieser strukturellen Logik bewusst zu werden. Das befreit von dem Irrtum, die Schuld für diese Gefühle bei uns selbst zu suchen. Gleichzeitig kann es uns auch motivieren, möglichst souverän damit umzugehen.

Mein Tipp an dieser Stelle lenkt deshalb den Fokus vom großen Weltgeschehen ins ganz Kleine, an den Abendessentisch in unserer Küche. Was mir als Mutter am meisten hilft, wenn ich am klassischen Zerrissenheitsgefühl leide, ist, uns als Familie im Gespräch zu verbinden. Wir erzählen uns gegenseitig, was so los war im Alltag. Es beruhigt mich, darüber die Blackbox von Schule und Kita ein klein wenig zu erhellen. Die Methode funktioniert nicht immer, auch nicht bei allen (und die Kinder müssen mindestens ein bisschen reden können), aber wir kommunizieren seit Jahren recht gut auf diese Weise. Wir begegnen damit der Herausforderung, dass wir als Eltern wissen wollen, was die Kinder so den ganzen Tag treiben, dieselbigen aber eher ungern davon erzählen. Die Kinder-Hiphop-Band *Deine Freunde* hat dazu ein lustiges Lied mit dem passenden Titel *Erzähl mal* geschrieben, hier ein Textzitat:

> Wie hast du geschlafen? Gut.
> Was hast du geträumt? Nix.
> Wie gefiel's dir im Zirkus? Gut.
> Was hat der Zauberer gemacht? Tricks.
> Wie gefällt dir deine Party? Gut.
> Wann woll 'n wir das mal wiederholen? Nie.
> Sag mal, habt ihr euch gestritten? Ja.
> Und wer hat damit angefangen? Die.
> Und du hast gar nix gemacht? Nein.
> Und das soll ich dir jetzt glauben? Ja.

Okay, dann sag das noch mal
und guck mir dabei tief in die Augen! Nö.
Sag mal, ist dir das egal? Nein.
Dann guck mich bitte richtig an! Okay.
Du hast dich echt gut benommen? Ja.
Und die anderen alle nich? Ne.

Kinder neigen von sich aus wirklich nicht dazu, allzu ausführlich und motiviert von ihrem Außer-Haus-Tag zu erzählen, obwohl Eltern sich das oft wünschen. Was hilft, ist mal wieder der Perspektivwechsel – und seine Umsetzung. Deshalb die Idee:

Statt Ihre Kinder auszufragen: Wie wäre es, wenn Sie erst einmal als Eltern sehr ausführlich von Ihrem Tag berichten? Also genau in der langweiligen Genauigkeit, die Sie gerne von Ihren Kindern hören würden? Sie sind aufgestanden … dann haben Sie sich die Haare gewaschen … zum Mittagessen gab es … die Kollegin hat gesagt: … Auf dem Heimweg im Bus saßen Sie neben … Erfahrungsgemäß spielen Kinder das Spiel »Tag erzählen« plötzlich wirklich gerne mit, wenn Eltern vorlegen und auch einen gewissen Spaß daran entwickeln. Es dauert ein bisschen, bis alle zu Wort gekommen sind, bringt aber ein wenig warmes Licht in den Familientag. Dabei entsteht Nähe, wo sonst manchmal die Sehnsucht schmerzt. Was ganz nebenbei auch noch geübt wird: ausreden lassen, alle drankommen lassen, Freude am Erzählen lernen.

AUF EINEN BLICK

Kleine Fluchten (14): Das »Jeder erzählt seinen Tag«-Ritual

Vorbereitungszeit: keine

Umsetzbarkeit (auf einer Skala von 1 bis 6): 2

Kosten: keine

Gefahr: Wenn der Kampf um die Redezeit-Anteile irgendwann zum Wettbewerb wird, können die einzelnen Beiträge extrem detailreich werden. Das ist lustig, aber die Abendessen dauern dann sehr, sehr lange.

Gewinn: Nähe im Alltag

Das sagen die Kinder: »Du immer und deine komischen Fragen!«

KLEINE FLUCHTEN 

SCHNELLER, ALS DIE FÜSSE TRAGEN

Einfach mal einen Gang runterschalten

Dass Eltern ihre Kinder ganz besonders in den Dingen motivieren und bestärken, die sie selbst gern mögen, ist nachvollziehbar und passiert fast automatisch. Selbstverständlich bekommt das Kind eines Musikerpaars von Tag eins seines Lebens an mit, wie entspannend und beglückend es sein kann, immer mal wieder die Gitarre in die Hand zu nehmen. Natürlich liegen im Haushalt einer Grafikerin, die mit einem Malermeister Kinder bekommt, mehr Stifte und Malblöcke herum als zum Beispiel bei uns – einem Journalistenpaar, das sich schwertut, eine Katze auf Papier zu umreißen und zwar viele Bücher daheim hat, aber fast keinen einzigen bunten Stift außer den dünnen roten von Stabilo.

Meine eigene Freizeitprägung in der Kindheit bestand, das sagt wenigstens meine Erinnerung als Erwachsene, aus dem Satz »Wir gehen in die Berge«. Es gibt Fotos von meinen Eltern, beide mit sperrigen Gestängen auf dem Rücken, in denen sie mich und meine nur elf Monate jüngere Schwester wochenlang über irgendwelche Schweizer Gipfel schleppten. Ich kenne Geschichten, dass wir angeblich schon mit vier Jahren mehrtägige Touren bewältigten, wie kleine Bergziegen. Immer weiter und: keine Diskussion. Ich erinnere mich ebenso an meinen inneren Unmut hinsichtlich der Bergsteigerei ab spätestens sieben oder acht Jahren. »Ich hab's gehasst«, sagen wir landläufig über Dinge, die im eigenen familiären Kontext nicht verhandelbar, aber keineswegs die sonntägliche Lieblingsbeschäftigung einer heranwachsenden kleinen Persönlichkeit waren. So kam es, dass ich später die Berge über Jahre zumindest im Sommer mied und als junge Erwachsene niemals wandern gegangen bin. Wenn jemand vorschlug, einen schönen langen Spaziergang zu machen, musste ich ganz dringend noch was zu Hause auf dem Sofa erledigen.

Es gibt zwei Möglichkeiten, wie Kinder im Lauf ihres Lebens auf starke Elternvorlieben reagieren können: Entweder lehnen sie die Sache später strikt ab oder sie werden selbst zum Wanderer, Künstler, zur Musikerin, zu Fußballfans …

Die Macht des Vorbilds ist also groß, sehr groß, und das ist ja auch etwas Schönes. Wie immer hilft es aber, sich dessen bewusst zu sein. Also zu sehen, was wir unseren Kindern ganz automatisch anbieten und in welchen Bereichen wir uns schwertun. Wichtig ist, die Kinder zu beobachten, zu überlegen, was ihnen womöglich fehlt – und auch zu erkennen, wann man sie zu etwas drängt, was ihrer eigenen Persönlichkeit eher weniger entspricht. Die Vorstellung, dass nicht nur die Eltern die Freizeitgestaltung bestimmen, sondern auch den Kindern eigene Bedürfnisse und Interessen zugestanden werden, gab es in meiner Herkunftsfamilie kaum. Wir selbst versuchen das nun anders zu leben.

Und das, obwohl ich selbst heute die Berge liebe und meine Eltern für diese Liebe sicher mit verantwortlich sind. Es gibt keinen Ort, an dem ich mich wohler, mehr bei mir und entspannter fühle als auf einer Hütte, zu der ich selbst hochgestiegen bin. Ich könnte das jedes Wochenende machen. Selbstverständlich haben wir verschiedene Tragegeräte für Babys ab sechs Monaten. Auch habe ich auf wenige Dinge so gewartet wie auf das Alter, ab dem die Kinder selbstständig längere Strecken gehen konnten.

Allein: Sie hassen es! Die Wahrheit, die ich mir und uns als Familie nach etlichen Feldversuchen auf kleinen und größeren Bergen, an Seen, in Abenteuerhochseilgärten, auf Sommerrodelbahnen, auf Gipfeln mit Stempelbüchern und Almen mit Ziegenställen, mit Kaiserschmarrn- und Cola-Bestechungsversuchen und nach gefühlt 3.947.563 selbst ausgedachten Durchhaltegeschichten eingestehen muss: Unsere Kinder mögen es einfach nicht besonders. Sie freuen sich weder, wenn wir einen Bergausflug ankündigen, noch währenddessen. Sie äußern ein gelerntes »Ja, schön«, wenn sie oben sind, mir zuliebe. Sie sind einfach noch nicht so weit. Vielleicht werden sie es niemals sein. Wir als Eltern haben deshalb beschlossen, es erst einmal gut sein zu lassen. Wenn ich in die Berge möchte, bringe ich die Kinder zu Freunden und gehe allein oder mit meinem Freund. Wenn ich Zeit als Familie verbringen möchte, mache ich etwas anderes. Der Trick: Wir gehen jetzt Fahrradfahren.

Die Kinder lieben Fahrradfahren. Sie düsen, ohne sich schlimm anstrengen zu müssen. Wir schaffen Strecken, die sich zu Fuß ewig hinziehen. Sie mögen ihre Fahrräder und ihre Helme, die Kleinen die Körbchen vorne am Lenker und die bunten Klingeln, mit denen man so schön laut sein kann. Ich glaube, sie lieben auch das »Alleinsein«, die Unabhängigkeit auf dem Fahrrad – und dass sie dabei trotzdem inmitten der Familie sind. Kein Ausgefrage und Gequatsche unterdessen, aber kuscheln, Eis essen und erzählen in den Pausen. Dann wieder jeder für sich mit Wind im Gesicht.

Ich mag Radfahren weniger als zu Fuß zu gehen, weil ich etwas ängstlicher bin, so als Familie auf zehn Rädern mitten in all dem Verkehr. Doch Hauptsache draußen. Unsere Ausflüge sind einfach viel, viel, viel entspannter geworden, seit wir diese Alternative für uns entdeckt ha-

ben, zu der wir die Kinder nicht antreiben müssen, nicht vorab und nicht währenddessen – im Gegenteil: Sie freuen sich auf Fahrradtouren.

Wobei »Fahrrad statt zu Fuß« nur ein Beispiel dafür ist, Kinderbedürfnisse ernst zu nehmen und nicht zu starr an den eigenen elterlichen Freizeitplänen zu hängen. Dabei geht es in erster Linie um die Kinder selbst. »Wenn Kinder lernen, dass ihre Bedürfnisse ernst genommen werden, lernen sie am Modell der Eltern, auch deren Bedürfnisse wahrnehmen und zu berücksichtigen«, schreibt der Kinderpsychiater Oliver Dierssen auf Twitter (bitte folgen, lohnt sich!). »In dieser Reihenfolge. Lernen am Modell der Eltern.« Wir tun unseren Kindern etwas Gutes, wenn wir ihnen im Wettbewerb der Tagesgestaltung eine echte Stimme geben. Sie lernen, ihre eigenen Bedürfnisse zu artikulieren und für sie einzustehen. Sie lernen, dass sie wirksam sind. Das macht Kinder stark.

Natürlich ist es trotzdem wertvoll, sich als Eltern Hobbys zu erhalten. Es ist eine Errungenschaft moderner Elternschaft, dass viele der Aktivitäten, die früher nach der Geburt des ersten Kindes beendet schienen, heute relativ problemlos für alle offen bleiben: ins Kino gehen, feiern, reisen. Es hilft nur, sich ab und zu auch der Kehrseiten dieser Möglichkeiten bewusst zu werden. Gerade weil viele Familien heute auch mit kleinen Kindern abenteuerlichste Dinge tun und auf wenig verzichten, was ihr bisheriges Leben ausgemacht hat, erhöht sich der Druck für alle anderen. Wer einen einfachen Campingurlaub am Strand bucht, sagt entschuldigend: »Na, nix Tolles, wir wollen einfach mal abschalten.« Wer abends keine Kraft mehr hat, sich aufzuraffen, um ins Kino zu gehen und stattdessen ein paar Jahre nur Netflix schaut, sagt gerne: »Ich Banause schaff's einfach nicht mehr ins Kino.«

Von diesem Druck gilt es sich zu befreien. Man muss heutzutage als Eltern zumindest im Mittelschicht-Deutschland auf viele Dinge nicht mehr verzichten, die früher ganz automatisch beendet waren, sobald man Kinder hatte. Man sollte sich aber gleichzeitig daran erinnern, dass man auch verzichten darf. Kinder zu haben ist herausfordernd, es kostet Kraft, Zeit und Nerven. Die gemeinsame Freizeit so zu gestalten, dass alle sich bestmöglich entspannen können, ist schlau. Bergsteigen gehen kann man trotzdem noch das ganze Leben.

AUF EINEN BLICK

Kleine Fluchten (15): Schneller, als die Füße tragen
Vorbereitungszeit: Routenplanung und Reifen aufpumpen
Umsetzbarkeit (auf einer Skala von 1 bis 6): 3
Kosten: Räder, Anreisekosten, Verpflegung
Gefahr: Verkehr
Gewinn: nie mehr Motivationsgeschichten
Das sagen die Kinder: »Zu Fuß fehlt mir einfach die Gangschaltung.«

WENN REISEN ZUR DAUERLIEBE WIRD

»Mehr Zeit als im Alltag«

Familie Conradi, also Thomas (47), freiberuflicher Informatiker, Jana (44), Familien- und Reisemanagerin, mit Jesco (18), Nils (16) Nadira (14) und Tamina (12), kommen aus Fürth und sind, bis auf kleinere Auszeiten zu Hause, seit 2015 überall auf der Welt unterwegs. Ein paar (bei Weitem nicht alle) Eindrücke ihrer Reise kann man auf ihrem Blog www.in365tagenumdiewelt.com nachlesen.

Sie sind seit Jahren mehr unterwegs als zu Hause – wie kam es zu diesem abenteuerlichen Leben?

2012 haben wir ein halbes Jahr in der Schweiz, in einer Blockhütte ohne Strom auf ca. 1.000 Meter Höhe gelebt. Nur sechs Monate, die uns aber sehr verändert haben. Wieder zu Hause war schnell klar: Wir müssen das nächste Abenteuer planen. Anfang 2015 sind wir dann für ein Jahr auf Weltreise gegangen und haben gemerkt, dass wir gerne als Familie weiter gemeinsam reisen und Zeit verbringen wollen.

Wo waren und sind Sie überall unterwegs?

Unsere Weltreise ging über London, Südafrika, Namibia, Katar, Sri Lanka, Malaysia, Singapur, Australien, Neuseeland, Chile und Mexiko. Seitdem waren wir in der Schweiz, auf Fahrradtour durch Deutschland, in England, Wales und Schottland, in Schweden, Finnland, Norwegen und Italien.

Und im Moment?

Sind wir zu Hause in Fürth und überlegen, wo es nächstes Jahr hingehen soll.

Vor eurer großen Weltreise 2015: Wie lange hat die Planung von der Idee bis zur Umsetzung gedauert?

Ziemlich genau ein Jahr.

Was war Ihre größte Sorge zu Beginn?

Am Anfang hatten wir viele Ängste. Wir waren uns nicht sicher, ob die Route zu viele Länder beinhaltete, ob die Länder teilweise zu »gefährlich« sind, ob wir mit Naturkatastrophen konfrontiert werden, die Kinder von einer Schlange gebissen werden … Außerdem wussten wir nicht, wie sich eine einjährige Auszeit bei Thomas jobmäßig auswirken würde.

Was ist heute Ihre größte Sorge?

Heute sind wir viel angstfreier. Natürlich macht man sich immer noch über manche Sachen Gedanken, aber eigentlich hat sich immer alles gut ergeben.

Was war der schönste Moment als Familie bisher?

Den einen schönsten Moment können wir nicht benennen. Unsere letzten Jahre waren eine Aneinanderreihung schöner Momente. Aber das Ankommen in Südafrika damals 2015 und das Gefühl, dass wir es wirklich gewagt haben, war schon sehr besonders. Im vergangenen Winter haben wir unsere ersten Nordlichter gemeinsam gesehen. Das war auch unbeschreiblich.

Was war der schwierigste Moment auf den Reisen als Familie bisher?

Es gibt immer wieder schwierige Momente. Man hat Unfälle, verpasst Verkehrsmittel, kann sich sprachlich nicht verständigen. Im Rückblick ist aber noch nie etwas wirklich Schlimmes passiert. Wir hatten Glück! Der schwierigste Moment war wahrscheinlich, als wir nach unserer Rückkehr von der Weltreise bemerken mussten, dass eigentlich niemand wirklich versteht, was wir fühlen und auch das Interesse an Erzählungen und Fotos bei denen, die so ganz anders leben, gering ist. Man kommt ja voller Erlebnisse und auch verändert von so einer Reise zurück. Es war für uns damals erschreckend, wie sehr bei den anderen alles noch genauso war wie vorher. Heute ist es lustigerweise genau das, was uns das Heimkommen jedes Mal erleichtert und uns ehrlich freut. Wir und vor allem die Kinder können immer genau da wieder anknüpfen, wo wir aufgehört haben. Sei es beim Instrumentenunterricht, im Sportverein, der Feuerwehr oder mit ihren Freunden.

Haben Sie ein Lebensmotto?

Ein echtes Lebensmotto haben wir nicht. Aber es gibt ein paar Sätze, die unsere Art zu leben auf den Punkt bringen: »Verwirkliche deine Träume und glaube an dich«, »There's only one way of life and that's your own«, »In zwanzig Jahren wirst du die Dinge mehr bereuen, die du nicht getan hast, als die Dinge, die du getan hast. Also mach die Leinen los. Verlasse den sicheren Hafen. Lass den Passatwind in deine Segel wehen. Erforsche. Träume. Entdecke«.

Gibt es einen Song, den Sie mit Ihrer Reise verbinden?

Au Revoir *von Mark Forster. Der Song lief in der Zeit unserer Vorbereitung auf die Weltreise dauernd im Radio und wir mussten jedes Mal grinsen.*

Was kosten Ihre Abenteuer?

Das kann ich nicht wirklich sagen. Wir sind ja immer auf andere Art unterwegs: zu Fuß, per Fahrrad, Auto, Zug, Camper, Bus, Hausboot, Flugzeug, außerdem in völlig verschiedenen Ländern. Im Schnitt verbrauchen wir vermutlich nicht mehr als zu Hause in Deutschland. Wir kochen meistens selbst, übernachten oft im Zelt oder in sehr günstigen Unterkünften und brauchen ansonsten nicht viel. Da wir ja nur eingeschränkt Platz für Gepäck haben, können wir auch nichts Unnötiges kaufen.

Wie finanzieren Sie dieses Leben?

Thomas arbeitet freiberuflich als Informatiker. Das geht von überall. Wir brauchen nur Internet, und das ist außerhalb von Deutschland meistens kein Problem.

Was ist mit den Jobs zu Hause, während Sie weg sind?

Der Job ist immer dabei, bis auf wenige Kundenbesuche im Jahr ist alles remote machbar.

Was ist mit der Wohnung zu Hause, während Sie weg sind?

Unser Haus wartet immer auf uns. Wir können jederzeit nach Hause und das ist ein tolles Gefühl und gibt viel Sicherheit.

Und wie lösen Sie das Schulthema?

Während des halben Jahres in der Schweiz und auch während der Weltreise waren die Kinder von den Schulen beurlaubt. Seitdem sind wir die überwiegende Zeit nicht in Deutschland und unterliegen dadurch nicht der deutschen Schulpflicht. In anderen Ländern gibt es ja nur eine Bildungspflicht. Unsere Kinder lernen sehr viel, einfach so durchs Reisen, sie arbeiten aber auch mit Online-Programmen und Arbeitsheften. Die Jungs werden jetzt im Frühjahr ihre externen Realschulabschlüsse machen.

Wo sind Sie als Familie in zehn Jahren?

Das wird sich zeigen. Da wir ja schon recht große Kinder haben, gehe ich davon aus, dass sich in den nächsten Jahren einiges ändern wird und die vier ihre eigenen Wege gehen werden.

Was sind die drei wichtigsten Dinge, die Sie auf Reisen gelernt haben?

Man braucht so wenig, um glücklich zu sein. Und: Wir haben es in Deutschland so unglaublich gut. Wenn man auf Menschen zugeht, öffnen sich Türen, die man nie gesehen hätte. Das Wichtigste ist, zusammenzuhalten und flexibel auf Situationen zu reagieren.

Was braucht man, als familiäre Eigenschaften sozusagen, um so etwas zu wagen?

Na ja, allen Familienmitgliedern muss die Familie und das Zusammensein sehr wichtig sein. Wir verbringen fast unsere gesamte Zeit gemeinsam, teilweise auf sehr engem Raum. Da muss man sich nach einem Streit sehr schnell wieder vertragen können.

Welcher Hinderungsgrund ist der dümmste?

Viele Menschen suchen regelrecht nach Gründen, warum so ein Abenteuer nur bei anderen funktionieren kann. Jobgründe, Geldgründe … Sicher ist es in manchen Lebenssituationen leichter und in anderen schwerer, aber es kommt auf den Willen an. Und dass so ein Nomadenleben wahrscheinlich wirklich nicht für alle Menschen gleich geeignet ist, das ist natürlich auch vollkommen okay. Jeder hat andere Vorstellungen vom Leben, solange man versucht, seine Träume zu verwirklichen, kann man glücklich sein. Das müssen ja nicht immer große Reisen sein. Jede Familie ist anders und muss für sich herausfinden, was ihr wichtig ist und guttut. Daran sollte sie arbeiten und ihren eigenen Weg gehen, egal was die anderen dazu sagen. Kein Job, keine Schule, kein Nachbar oder Freund ist wichtiger als die Familie und das Wohlergehen ihrer Mitglieder.

Auf welchen Hinderungsgrund sollte man hören?

Wir würden sofort aufhören zu reisen oder anders weitermachen, wenn wir merken würden, dass es für einen aus der Familie nicht mehr gut ist, nicht mehr passt.

Womit hätten Sie niemals gerechnet?

Ach, ganz allgemein: dass sich unser Leben so entwickeln würde. Wir waren eine ganz normale Familie und fühlen uns auch immer noch so. Und gleichzeitig versuchen wir, unseren Traum zu leben.

Wo recherchieren Sie Ihre Reisen?

Hauptsächlich im Internet. Informationen über die Länder, aber auch Erfahrungsberichte finden sich ja genügend. Bücher sind nicht immer auf dem aktuellen Stand. Als Reiseratgeber für Familien, die noch am Anfang der Planung sind, kann ich das Buch Reisebudget-Planung für Familien *von Jenny Menzel empfehlen. Da sind wirklich viele Tipps drin, von gesetzlichen Regelungen über Spartipps bis hin zu Kostenaufstellungen von Familien, die unterwegs waren.*

Wann bekommen Sie Heimweh?

Heimweh hatten wir eigentlich nie.

Und nervt das Reisen auch manchmal?

Ja schon, es kann einfach sehr anstrengend sein jeden Tag an einem neuen Ort Essen und Schlafplätze zu organisieren. Darauf muss man hören und dann mal eine Zeit lang an einem Ort zum Ausruhen bleiben. Weihnachten in Neuseeland 2015 war komisch, erstens durch das andere Klima, aber vor allem weil die Verwandtschaft so weit weg war. Zu Geburtstagen oder besonderen Anlässen vermissen wir unsere Familien und Freunde schon sehr.

Was hilft gegen Heimweh?

Wir sind immer in engem Kontakt mit den Menschen zu Hause, und manchmal haben wir Glück und es besucht uns sogar jemand unterwegs.

Worauf freuen Sie sich und Ihre Kinder zu Hause?

Ganz viele Sachen. Zuerst natürlich unsere Familien und Freunde. Außerdem unser Haus mit allem, was dazu gehört: unser eigenes Bett, eigenes Bad, die eigene Küche, eine Waschmaschine, fließendes Wasser von höchster Qualität … Zeit für ganz andere Sachen als unterwegs.

Was wird nie mehr so sein wie zuvor?

Wir werden viele kleine Dinge nie wieder als so selbstverständlich sehen. Wir sind dankbar für so viele Sachen. Ich hoffe, wir schaffen es, immer für die Dinge einzustehen, die uns wichtig sind, und nicht mehr länger in Situationen zu verharren, die uns nicht guttun.

Was kommt als Nächstes?

Mal sehen. Wir haben verschiedene Ideen, auf jeden Fall geht es nächstes Jahr wieder weiter weg.

DAS FÜRCHTEN LERNEN

Legosteine nach Farben sortieren

Manchmal sind die Kinder für ein paar Tage aus dem Haus. Bei der Oma oder im Schullandheim oder bei Sportturnieren. Ich vermisse meine Kinder schnell, aber nicht in der Arbeit oder wenn ich unterwegs bin. Was mir aber in einer kinderleeren Wohnung jedes Mal einen Stich ins Herz versetzt, ist der Anblick von bewegungslosem Spielzeug, das irgendwo in der Ecke herumliegt. Ein umgekipptes Playmobil-Polizeiauto unter dem Sofa oder ein auf dem Rücken liegender Stofftierhund im Badezimmer können panische Schreckensbilder in meinem Kopf entstehen lassen, die so gruselig sind, dass ich mich kaum traue, sie aufzuschreiben. ›Was, wenn einem Kind etwas passiert und es nie mehr zurück in diese Wohnung kommt und ich dann dieses Auto da wegräumen muss?‹, blitzt es durch meinen Kopf. Wie eine Filmszene nach dem Schicksalsschlag sehe ich dieses Horrorszenario vor meinen Augen.

Kennen Sie das bedrückende, großartige Buch *Ein wenig Leben* der amerikanischen Schriftstellerin Hanya Yanagihara? Das Buch, das vor wenigen Jahren weltweit zum Bestseller wurde, schildert die tragische und gleichzeitig unheimlich genau erzählte Geschichte von Willem Ragnarsson, der als Kind Traumatisches erfahren musste und sein ganzes Leben versucht, diese Kindheit einzuordnen. Schon erwachsen, wird er von einem liebenden Ehepaar adoptiert, die einen leiblichen Sohn verloren haben. Über das Kinderhaben lässt Yanagihara diese Adoptiveltern an einer Stelle nachdenken:

»Aber es ist eine einzigartige Form der Liebe, denn es ist eine Liebe, die nicht auf gegenseitigem Gefallen, nicht auf körperlicher oder intellektueller Anziehung beruht, sondern auf Angst.

Du weißt nicht, was Angst bedeutet, ehe du ein Kind hast, und vielleicht ist es das, was uns zu dem Gedanken verleitet, dass diese Liebe größer ist, denn die Angst selbst ist größer. Der erste Gedanke des Tages ist nicht ›Ich liebe ihn‹, sondern ›Wie geht es ihm?‹. Die Welt wird mit einem Schlag zu einem Hindernisparcours der Schrecknisse. Manchmal, wenn ich ihn in meinen Armen hielt und darauf wartete, die Straße überqueren zu können, dachte ich daran, wie absurd es war, zu glauben, mein Kind, irgendein Kind könne dieses Leben überstehen. Es erschien mir so unwahrscheinlich wie das Überleben eines dieser Schmetterlinge, die man im Spätfrühling durch die Luft trudeln sieht – du weißt schon, diese kleinen weißen –, immer nur ein paar Millimeter davon entfernt, gegen eine Windschutzscheibe zu knallen.«

Diese existenzielle Verunsicherung, die das Elternwerden mit sich bringt, war für mich am Anfang ein echter Schock, und sie schockiert mich immer noch, auch wenn ich übe, damit umzugehen. Ein paar Wochen nach der Geburt meines ersten Sohnes, zwischen schmerzendem Monsterbusen und Verzückung über das erste Babylächeln, kam mir damals diese fixe Idee: Ich müsste mir doch eigentlich vorstellen können, wie das Kind später einmal aussehen würde. Es machte mich sehr unruhig, dass ich mir kein Bild, ganz physisch, von meinem Sohn mit 18 oder 20 machen konnte.

Irgendwann fing ich an mir einzubilden, dass das ein Zeichen sei, und zwar dafür, dass ich dieses Kind nicht großkriegen würde. Dass ich mir das Bild von ihm mit 20 deshalb nicht vorstellen kann, weil er niemals so alt werden würde. Diese irrationale Gedankenschlaufe, gerne im Morgengrauen nach einer müde durchwachten Nacht, versetzte mich in Panik. Ich erzählte meiner Hebamme davon. Sie erklärte mir, dass meine Angst ganz normal sei. Die Angst sei die andere Seite der wachsenden Mutterliebe. Ich war beruhigt und begeistert zugleich. Meine Mutterliebe wächst!

Es hilft mir, an das Geschenk der Liebe zu denken, wenn die Angst kommt. Aber natürlich hilft es nicht immer. Elternangst ist paradox: Wir brauchen sie, um unsere Kinder zu beschützen. Gleichzeitig wäre es fatal, ihr dauernd nachzugeben und die potenzielle Gefahr zum Maßstab des eigenen Handelns zu machen. Oder, wie es meine Kollegin und Lieblingsautorin Meredith Haaf 2018 unter der Überschrift »Das Fürchten lernen« in der *Süddeutschen Zeitung* formulierte: »Angst ist die natürliche Freundin des Menschen und zugleich auch die natürliche Feindin aller Beziehungen. Wenn es um Kinder geht, wird es besonders kompliziert: Wir brauchen Angst, um sie zu schützen. Doch sie brauchen Schutz vor unserer Angst. Wie kann das gelingen?«

Es gibt kein Patentrezept gegen Elternängste. Je nach Persönlichkeit können folgende Strategien einzeln oder gebündelt funktionieren: helikoptern, verdrängen, weiterschmusen, zum Therapeuten gehen, mit anderen Müttern rumpaniken, gegen Lkw in der Innenstadt protestieren, impfen, Schwimmkurs schon mit drei, Skateboard nur mit Helm, traurige Texte im Internet lesen, schlafen, spazieren gehen, schreien …

Mir hilft, dass ich mich der Angst in kleinen Dosen, aber doch immer wieder voll und ganz stelle. Ich setze mich also ohne Ausflüchte in meiner Vorstellung mit dem Worst Case auseinander. Dabei versuche ich herauszufinden, ob es in meinem Hirn ein

Areal gibt, das zumindest eine winzige Ahnung davon hat, wie ich überleben würde. Ich lasse es zu, das Schlimmste zu denken. Am besten funktioniert das für mich beim Legosteine-Sortieren, allein im Kinderzimmer.

Das Worst-Case-Szenario als Strategie, um mit Ängsten umzugehen, habe nicht ich erfunden. Es gibt viele psychologische Untersuchungen, die belegen, dass ein defensiver Pessimismus, bewusst und in Maßen eingesetzt, in Phasen starker Unsicherheiten im Leben helfen kann. Es geht darum, durch innere Imagination schlimmste Ängste sehr bewusst ab und zu direkt ins Visier zu nehmen und dadurch ein Gefühl der Kontrolle zurückzugewinnen. Die Technik wird auch *Praemedatio malorum* genannt, was so viel heißt wie ›Vorherbedenken zukünftiger Übel‹. Stellt man sich den Erwartungsängsten nicht, können sie immer mehr Macht ausüben und im schlimmsten Fall zu totalen Blockaden und inneren Lähmungen führen. Natürlich erwarte ich nicht, dass eines Tages einem Menschen aus meinem nächsten Umfeld tatsächlich ein Unglück widerfahren wird. Aber wenn die Angst davor sich in bestimmten Phasen so stark in mein Leben drängt, dass es meinen Alltag beeinträchtigt, brauche ich einen Weg, um mit ihr umzugehen.

Wie genau es funktioniert, sich der Angst zu stellen? Das muss jeder für sich selbst herausfinden, aber ich mache es so: Ab und zu, vielleicht zwei-, oft auch nur einmal im Jahr, wenn die Kinder alle für ein paar Stunden oder auch Tage weg sind und ich die Angst spüre, setze ich mich ins Kinderzimmer meines größten Sohnes und leere alle Kleinlegokisten auf einen Haufen. Ich bereite einzelne Schachteln vor, so viele, wie es Lego-Farbrichtungen gibt. Dann fange ich an. Stunde um Stunde. Ich sortiere jeden einzelnen Legostein in seine passende Schachtel und verlasse währenddessen

meine Komfortzone. Ich denke sehr konkret über die großen, beunruhigenden Fragen des Lebens nach.

Wann bricht unsere Welt in Stücke?
Gelingt es uns, zusammenzubleiben?
Was folgt daraus, dass ich keine Antworten auf diese Fragen weiß?
Welchen Sinn haben sie, dass ich sie mir trotzdem stelle?
Gehören sie zu mir, diese Fragen?
Oder zu einem bestimmten Abschnitt in meinem Leben?
Oder allen?
Sind sie ein Teil von mir?
Kann ich einen anderen Teil in mir stärken, wenn sie kommen?
Was nützt mir meine Angst?
Was, wenn mir oder meinem Freund etwas zustößt?
Was, wenn einem Kind etwas passiert?
Uns allen zusammen?
Wer sagt es meiner Mutter?
Wo wären unsere Ressourcen, um zu heilen?
Wer wäre da und würde uns helfen?
Wer wäre auch nach zwei Jahren noch da?
Kann ich etwas dafür tun, dass dem Kind nichts passiert?
Kann ich es wirklich vor der Welt, in die es nun mal hineingeboren ist, beschützen?
Wenn nein, welchen Sinn haben meine Ängste?
Wie groß ist die Wahrscheinlichkeit, dass mein Worst-Case-Szenario eintritt?
Kann ich zwischen dem, was ich beeinflussen kann, und dem, was ich nicht beeinflussen kann, gut unterscheiden?
Wie kann ich besser werden in dieser Unterscheidung?

Beim Nachdenken wiederum helfen mir Techniken der Imagination, auch Externalisierung genannt, die ich aus meiner Ausbildung zur

Systemischen Beraterin kenne. Wenn ich mir meine eher irrationalen Ängste, die mir in meinem Leben als Mutter hin und wieder begegnen, als ein Monster vorstelle, frage ich mich:

Wie sieht das Angstmonster aus? Aus Lego zum Beispiel?
Ist es freundlich, böse, klein, groß?
Immer bei mir oder nur manchmal?
Wo sitzt es, im Verhältnis zu mir, jetzt genau in dieser Situation?
Was macht es?
Wo sitzt es, wenn es sich im Alltag zwischendurch anschleicht?
Wo schicke ich es dann hin?
Wo sitzt es eigentlich, wenn ich vollkommen angstfrei bin?
*Kann ich mit ihm sprechen? Ihm sagen, dass ich der/die Chef*in bin?*
Kann ich ihm sagen, was ich gerne von ihm möchte?
Kann ich es irgendwo hinsetzen, in meiner Vorstellung, wo es mich weniger stört oder wir beide in besserem Kontakt sind?
Wo ich vielleicht sogar Kontrolle über es habe?
Wobei hilft mir mein Monster?
Wie gehen die Menschen in meinem Umfeld mit ihrem Angstmonster um?
Was davon könnte ich mir abgucken?

Am Anfang fühlen sich diese Monsterübungen und Fragen vielleicht seltsam und ungewohnt an, aber es ist so ähnlich wie bei unbekanntem Essen: Man sollte es wenigstens mal probieren. Außerdem sind Sie ja allein zwischen den Legosteinen. Versuchen Sie auch mal, aus dem Lego wirklich ein Monster zu bauen, das dem Ihren nahekommt. Stellen Sie es erst ganz nah zu sich und dann weiter von sich weg. Was macht es? Wie fühlt es sich an? Was können Sie mit ihm anstellen? Ich verspreche: Es wird nicht wirkungslos bleiben.

PS: Noch ein Tipp zu der Sache mit den farblich sortierten Legosteinen: Das Tolle daran ist, dass es den Kindern nun dank Ihrer Vorarbeit mithilfe der Anleitungen (aufheben oder im Internet noch mal ausdrucken) wunderbar gelingt, die Originalsachen wiederaufzubauen. Das heißt, der gigantische Haufen sehr spezifischer Legoteile ergibt plötzlich wieder Sinn. Die Kinder werden sich riesig freuen und sind erst einmal gut beschäftigt. Und für Sie vielleicht noch ein kleiner Abschlusssatz, der angeblich von Mark Twain stammt: »I am an old man and have known a great many troubles, but most of them have never happened.«

AUF EINEN BLICK

Kleine Fluchten (16): Das Fürchten lernen
Vorbereitungszeit: Ein paar ruhige Stunden sollten es schon sein.
Umsetzbarkeit (auf einer Skala von 1 bis 6): 3
Kosten: keine
Gefahr: Die Auseinandersetzung mit den eigenen Ängsten kann die Stimmung auch für ein paar Tage trüben.
Gewinn: Im besten Fall weiß man anschließend, wie und wohin mit der getrübten Stimmung.
Das sagen die Kinder: »Wow, Mama, du hast das ganze Lego sortiert!«

KLEINE FLUCHTEN 17

URLAUB, ABER RICHTIG

Warum wir uns oft viel mehr leisten können, als wir denken

Unser Großer sagt »gut« und »nett«, wenn wir ihn bei einem gewöhnlichen Abendessen fragen, wie es in der Schule oder mit den Freunden so läuft. Auf die Frage, mit wem er es besonders »gut« und »nett« hat, sagt er »alle«. Und wenn wir dann weiter bohren, ob manchmal auch etwas konkreter Nettes oder sogar weniger Nettes zwischen »allen« passiert, sagt er: »Ja«. Oder, viele Worte: »Du immer mit deinen komischen Fragen, Mama.«

Die Formulierung »aus dem Gröbsten raus« ist ein Irrtum, zumindest in dem Sinne, in dem sie normalerweise verwendet wird. Dass nämlich Kinder einen vor allem in den ersten Jahren dringend brauchen, zum Windeln wechseln, Niederkuscheln, Löffel-halten-Lernen. Haben sie dann mal die Grundschule geschafft, können sich mittags im Zweifel selbst mit einem Döner versorgen oder verlieren einen Hausschlüssel nur noch einmal im Monat statt jeden Tag – ab diesem Zeitpunkt meint »aus dem Gröbsten raus«, sie brauchen einen viel weniger.

Das ist Quatsch, zumindest für alle, die gern auch im zweiten Jahrzehnt nach der Geburt mit ihren Kindern in Kontakt bleiben möchten. Was wiederum als wichtigste Voraussetzung dafür gilt, um einigermaßen freudvoll und gemeinsam durch die Pubertät zu kommen. Und ebenso entscheidend, damit aus glücklichen Kindern starke junge Erwachsene werden können.

Ich glaube sogar: Die ersten zehn Jahre müssen wir als Eltern viel weniger körperlich anwesend sein, weil sich Kinder, wenn man einigermaßen wachsam und aufmerksam ist, die Liebe und Zuneigung, die sie brauchen, recht selbstständig nehmen. In den nächsten zehn Jahren braucht man Zeit miteinander, um Momente der Nähe entstehen zu lassen. Und weil Zeit im Alltag so schwer herzukriegen ist, zwischen Arbeit, Nachmittagsbetreuung, Schule, Sport, Freunde treffen am Wochenende oder einfach Abhängen am Bolzplatz, bekommen Urlaube in dieser zweiten Hälfte eine besondere Bedeutung. Also Zeit als Familie ohne Ablenkung. Am besten so lange, bis es richtig langweilig werden kann. Langeweile, aus der Nähe entsteht. Oder: »Plauderlaune«.

Als wir mit dem in sozialen Dingen stets wortkargen Sohn im Sommer mal sechs Wochen am Atlantik unterwegs waren und nach der Hälfte des Urlaubs einen Tag in San Sebastián verbrachten, fing er aus heiterem Himmel zwischen Eis essen und Flipflops-Shoppen an, Intimitäten aus dem Innenleben seiner Klasse zu erzählen. Dass die Sophie vom Peter ein Muskelfoto geschickt bekommen hat und dass sie und ihre Freundinnen das blöd fanden. Dass der Theo in die WhatsApp-Gruppe einmal an einem Tag 465 Sticker geschickt hat. Dass der Paul zwar ein netter Kerl, aber leider auch ein krasser Zocker ist und der Ferdi in die Eli verliebt, sie auch in ihn, dass sie aber beschlossen haben, noch etwas zu warten, weil sie mit zwölf noch »zu jung für Liebe« sind (alle Namen und Geschichten geändert, logisch). Er hörte gar nicht mehr auf, solche Dinge zu erzählen, und sagte zwischendrin den wunderschönen Satz: »Frag mich noch mehr zu meinen Menschen, Mama. Ich bin gerade in Plauderlaune.«

Wenn ich den schönsten Moment dieser an schönen Momenten reichen sechs Urlaubswochen nennen sollte, war es vielleicht genau dieser.

Womöglich war es auch der Moment, in dem wir beschlossen haben, das jetzt öfter zu versuchen. Mindestens vier Wochen Sommerferien am Stück. Jedes zweite Jahr. Bis die Kinder aus dem Haus sind oder nicht mehr mitfahren wollen.

Weitere vollkommen subjektive Gründe für außergewöhnlich lange Ferien:

- Die allermeisten Familien, vor allem Paare, brauchen Gewöhnungszeiten, wenn sie in den Urlaub starten. Am Anfang wird gern viel gestritten. Bei uns waren es ganze zwei Wochen, in denen mein Freund und ich uns in den Haaren hatten. Die anschließenden vier Wochen waren dafür umso harmonischer. Aber was sagt das über unsere Tauglichkeit in einem normalen Zwei-Wochen-Urlaub?
- Nach zehn Tagen etwa verliert man ernsthaft die Wochentage aus den Augen. Zu schade, wenn dann gleich wieder Abreise-Samstag ist!
- Die großen Schulferien zu organisieren, in denen man selbst nur zwei Wochen unterwegs ist, ist für fast alle Familien Stress! Vier Wochen lang!
- Weniger Flugscham, wenn die Strecke immerhin für vier Wochen zurückgelegt wird.
- Oder noch viel besser: aufs Flugzeug verzichten, weil Urlaube auch mit einer längeren An- und Abreise beginnen bzw. enden dürfen.
- Reisen alleine als Kernfamilie, aber auch mit Freunden, lassen sich in vier Wochen wunderbar verbinden, zum Beispiel indem man für eine Woche jemanden besucht, der in derselben Gegend unterwegs ist.
- Für vier Wochen kann es sich wirklich lohnen, die Wohnung picobello zu machen und durch Zwischenvermietung zumindest einen Teil der Reisekosten wieder reinzuholen.

- *In vier Wochen schafft man mehrere Bücher und erhöht damit die Chance auf eine echte Sommer-Knallerlektüre, selbst wenn das erste Buch eine Enttäuschung war.*
- *Für vier Wochen lohnt sich die teure Shellac-Pediküre.*
- *Einmal Vollmond im Urlaub tut gut, weil man dann bei all den anderen Vollmonden, die im Jahr noch folgen werden, immer an diesen Urlaubsvollmond denken kann.*

Und das größte Gegenargument? Der alles niederschmetternde Satz: »Ja, das muss man sich aber erst einmal leisten können!«

Das ist natürlich total wahr. Es gibt für Angestellte weder einen Anspruch auf vier Wochen Urlaub am Stück noch auf unbezahlten Urlaub. Unbezahlter Urlaub macht eine Reise zudem extrem teuer, weil man das ausfallende Gehalt auf die Reisekosten gleich noch draufschlagen kann. Wer mit Kolleg*innen arbeitet, die selbst Kinder im Schulalter haben, muss sich meistens in der Ferienplanung mit ihnen absprechen – und vier Wochen für eine Partei sind da schlichtweg unmöglich. Ganz abgesehen von der Frage, wie man die anderen Ferien im laufenden Jahr betreuungstechnisch lösen soll, wenn alle Urlaubstage in den Sommer fließen. Menschen, die selbstständig arbeiten, könnten Kunden verlieren, wenn sie so lange abwesend sind. Getrennt lebende Paare müssten sich einig sein, dass einer so lange weg darf mit den Kindern. Und vier Wochen Urlaub sind teuer! Es ist wahr: Es gibt viele Menschen, für die diese Idee wie ein Luxuskonzept verwöhnter, halbfauler Mittelständler klingt und mit ihrer Lebensrealität nichts zu tun hat.

Oder?

Sollte sich in Ihnen ein winziger Hauch von Zweifel an Ihren handfesten Argumenten gegen die »Alle zwei Jahre vier Wochen«-

Formel rühren: Gehen Sie diesem Zweifel nach. Überprüfen Sie, welche Priorisierungen hinter dem kategorischen Ausschließen stecken. Ist es wirklich eine Geldfrage? Oder gäbe es die Möglichkeit, zum Beispiel durch Einsparungen an anderer Stelle was umzuschichten? Ist es für Papa im Büro wirklich nicht möglich? Kann man vielleicht mit den Kolleg*innen einen »Du ein Jahr«-»Ich ein Jahr«-Plan aushecken? Oder die Chefin mal fragen, ob es die Möglichkeit einer kurzzeitigen Vertretung gibt? Verliert man wirklich so viele Kunden, wenn man im Sommer, wo ja alle dauernd Ferien machen, selbst mal ein paar Wochen ganz weg ist? Klar, kann alles genauso sein. Setzen Sie sich trotzdem mal einen Abend gemeinsam hin und überlegen Sie, was Sie wirklich hindert. Und dann: Schöne Ferien!

AUF EINEN BLICK

Kleine Fluchten (17): Urlaub, aber richtig
Vorbereitungszeit: ein paar Monate, je nach beruflicher Situation
Umsetzbarkeit (auf einer Skala von 1 bis 6): 5
Kosten: je nach Urlaub, aber schon viel Geld
Gefahr: Betreuungs- und Geldnöte für den Rest des Jahres
Gewinn: Erinnerungen für den Alltag und fürs Leben
Das sagen die Kinder: »Boah, freu ich mich auf zu Hause!«

GROSSE FLUCHTEN 6

DIE KLASSISCHE ELTERNZEIT-WELTREISE

»Unser Einstieg in die Gleichberechtigung«

Familie Kraemer, also Anne (37), Online-Marketing-Managerin, Florian (38), Gymnasiallehrer, und der kleine Theodor nutzten ihre Elternzeit, um mit dem Rucksack mehrere Monate durch Südostasien und Mittelamerika zu reisen. Ihre Reisen kann man auf ihrem Blog www.familie-im-reisemodus.de verfolgen. Und auf Instagram @FamilieimReisemodus

Florian Kraemer, Sie waren 2017 und 2018 während Ihrer Elternzeit gleich zwei Mal hintereinander weit weg mit dem Rucksack unterwegs. Wie kam es zu dieser Doppelreise?

Ja, wir sind im Februar 2017 von Köln nach Bangkok geflogen und im Juli von Kuala Lumpur zurück nach Frankfurt. Im April 2018 sind wir dann noch mal nach Mittelamerika ausgebüxt. Meine Frau Anne war schon immer sehr reiselustig und hat es 2013 immerhin geschafft, mich für drei Wochen mit nach Panama zu schleifen. Aber Rucksacktourismus war gar nicht unbedingt meine Sache.

Mit Baby haben Sie es dann aber noch mal gewagt?

Als Theo geboren war und wir unsere Elternzeit planten, witterte Anne ihre Chance: jetzt oder nie. Nach der Geburt eines Kindes ergibt sich die perfekte Gelegenheit, mehrere Monate auszusteigen. Im TV und auf YouTube haben wir andere Pärchen mit kleinen Kindern beobachtet, die um die Welt gereist sind. Und irgendwann dachten wir: Das können wir auch.

Wie lange hat die Planung von der Idee bis zur Umsetzung gedauert?

Dass wir in der Elternzeit was Besonderes machen wollten, war uns schon vor Theos Geburt klar. Die eigentliche Planung begann dann etwa im Sommer 2016, als wir auch einige Reiseanbieter kontaktierten und zu dem Schluss kamen, dass man das alles auch individuell und dadurch viel kostengünstiger hinkriegen kann.

Was war Ihre größte Sorge zu Beginn?

Unsere sehr konkrete Sorge war natürlich, dass Theo sich irgendeine Krankheit einfängt, die wir vor Ort nicht behandeln lassen können, oder dass wir einen Unfall haben könnten.

Was ist heute Ihre größte Sorge?

Dass wir uns von unserem Alltag auffressen lassen. Dass wir uns von Ängsten und Umständen bestimmen lassen und nicht das tun, wovon wir als Familie träumen.

Was war der schönste Moment auf der Reise?

Den einen Moment gab es nicht. Es war einfach insgesamt schön, füreinander Zeit zu haben, in den Tag hinein zu leben und schöne Orte wie Angkor Wat oder Tikal zu sehen. Aber das Highlight unserer Reise war eigentlich das Essen! Was nicht daran liegt, dass wir sonst nichts erlebt hätten – aber die Küche in Südostasien ist einfach fantastisch. Wir haben geschlemmt – und dabei sogar bis zu neun Kilo abgenommen, also wir Erwachsene.

Und der schwierigste Moment unterwegs?

Schwierig war sicher unsere erste Woche in Hanoi. Anne hatte nach einem Tag einen schweren Hexenschuss und konnte nicht mehr aufstehen. Wir sind dann irgendwann ins Krankenhaus gefahren, und Theo und ich waren mehrere Tage alleine in der Stadt unterwegs. Am Anfang hatte er ganz schön Angst um seine Mama, und kurz bevor Anne wieder halbwegs laufen konnte, hatte plötzlich Theo hohes Fieber … Das waren ein paar wirklich harte Tage.

Haben Sie ein Lebensmotto?

Angst darf keine Entscheidungen fällen.

Was war ein typischer Satz auf Ihrer Reise?

»Darüber müssen wir mal einen Blogartikel schreiben!«

Gibt es einen Song, den Sie mit Ihrer Reise verbinden?

Vielleicht Buffalo Soldier *von Bob Marley. Dieser Song lief in Belize im Bus rauf und runter. Aber vor allem haben wir Podcasts und Hörbücher unterwegs gehört.*

Was hat Ihre Reise gekostet?

Die Südostasienreise hat insgesamt etwa 13.000 Euro gekostet. Da ist alles drin: Flüge, Versicherungen und sämtliche Ausgaben vor Ort. Wir hatten ein recht enges tägliches Budget, das wir mit der App Trail Wallet auch ganz gut unter Kontrolle halten konnten.

Und wie haben Sie die Reise finanziert?

Zunächst einmal haben wir jahrelang gespart, um »irgendwann mal was Verrücktes zu machen«. Während der Reise konnten wir unsere Fixkosten zu Hause auf ein Minimum reduzieren (Abos und Versicherungen ausgesetzt) und unsere Wohnung untervermieten. Außerdem habe ich über den gesamten Reisezeitraum Elterngeld bezogen.

Was war mit den Jobs zu Hause, während Sie weg waren?

Die haben auf uns gewartet. Elternzeit ist schon eine tolle Erfindung. Im April 2018 hatte ich immer noch Elternzeit, während Anne für diese Reise vier Wochen Urlaub genommen hat.

Wo seid ihr als Familie in zehn Jahren?

Wahrscheinlich immer noch dabei, die nächste Reise zu planen und etwas Neues auf der Welt zu entdecken. Sofern das mit schulpflichtigen Kindern klappt, könnten wir uns auch ein gemeinsames Sabbatjahr vorstellen. Eine Reise, die die Kinder nach ihren eigenen Interessen mitbestimmen und mitplanen können. So ein Projekt könnte sie richtig stark und selbstbewusst machen!

Was sind die drei wichtigsten Dinge, die Sie bei dem Abenteuer gelernt haben?

Die Quintessenz unserer gesammelten Reiseweisheiten steckt vielleicht in unserem allerletzten Erlebnis: Wir verpassten den Rückflug aus Guatemala City, klemmten uns hinters Handy und fanden in allerletzter Sekunde noch eine Möglichkeit zur Umbuchung. In der Hektik wurden drei Dinge deutlich. Erstens: Wir sind nicht so gelassen, wie wir gerne wären. Immer noch nicht, leider. Daran hat die Reise nichts geändert. Wir haben uns selbst immer dabei. Aber wir können das jetzt besser akzeptieren. Zweitens: Wir können uns selber trotzdem vertrauen. Wir meistern auch anstrengende Situationen, solange wir ein Team bleiben. Drittens: Du brauchst auf Reisen mobilen Internet-Zugang. Unbedingt. Definitiv. Immer. Ohne Ausnahme.

Was braucht man als familiäre Eigenschaften, um so etwas zu wagen?

Neugier, Selbstvertrauen und Vertrauen ineinander. Vertrauen dahingehend, dass der Partner seine Aufgabe, zum Beispiel die Hotelbuchung, gut und zuverlässig erledigt. Aber auch, dass das Kind sich an immer neue Situationen anpassen kann, genauso gut wie wir. Oder besser gesagt: In dem Maß, in dem wir uns anpassen können, kann es auch Theodor. Es geht ihm so gut, wie es uns geht – und umgekehrt. Als wir das begriffen hatten, lebte es sich viel sorgenfreier. Und man muss in sich hineinhorchen, vor der Reise: »Was will ich eigentlich wirklich? Was will ich ausprobieren und warum habe ich bisher Angst davor?«

Welcher Hinderungsgrund für so eine Reise ist der dümmste?

Wir hören häufig: »Das würde ich mich nie trauen!« Dieser Grund ist zwar sicher nicht »dumm«, aber er ist doch irgendwie sehr bedauerlich. Er bedeutet entweder, dass man zu wenig Informationen hat und sich deswegen vor dem Unbekannten fürchtet – gerade Südostasien ist ein ganz unproblematisches Reiseziel – oder es heißt, dass man seine Träume nicht verwirklicht, weil man sie sich selbst nicht zutraut. Und das wäre doch echt schade!

Auf welche inneren Einwände sollte man hören?

Auf die Klimabilanz. Unsere ganzen Kurz- und Langstreckenflüge pusten tonnenweise CO_2 in die Luft. Das sehe ich im Nachhinein sehr kritisch am Fernreisen. Es kann ja nicht nur darum gehen, meine eigenen Träume zu verwirklichen, sondern ich muss mir auch die Frage stellen, ob ich meinem Sohn hier noch eine intakte Welt hinterlasse.

Welches Buch ist Ihnen als Familie während des Abenteuers besonders ans Herz gewachsen?

Ein Buch, das wir zusammen gelesen haben, war Große Erwartungen *von Charles Dickens. Theo hat auch zugehört. Er fand es spannend, wenn ich in den Dialogen die Stimme verstellt habe.*

Und welches ist das beste Ratgeberbuch für so ein Abenteuer?

Fürs Backpacken ist natürlich der Lonely Planet immer noch der Ratgeber der Wahl. Wichtige Einschränkung: Auch wenn die neueren Ausgaben oft ein paar Absätze übers Reisen mit Kindern enthalten, wendet sich der Ratgeber immer noch eher an junge Erwachsene: Wo kann man klettern/tauchen/surfen/feiern und was kostet ein Bier? Mit Kleinkind an Bord bringen wir aber etwas andere Fragen mit: Wo gibt es Kinderärzte? Wo sind coole Spielplätze? Ist Stillen in der Öffentlichkeit akzeptiert? und so weiter. Das Wissen dazu haben wir uns unterwegs zusammengegoogelt, so gut es eben ging, oder von anderen Elternzeitreisenden oder Aussteigern und Digitalnomaden auf YouTube oder Instagram abgeguckt.

Was nervt am meisten unterwegs?

Das ständige Ein- und Auspacken ist ein bisschen anstrengend, zumal das Kleinkind seinen alltäglichen Bedarf leider nicht selber packt. In sehr stark frequentierten Urlaubsgebieten kann die Tourismusindustrie ganz schön aufdringlich sein, z. B. Taxifahrer und Strandverkäufer in Bali. Aber das weiß man meistens, bevor man hinfährt. Überhaupt ist es ja auch komisch, wenn Touristen darüber klagen, dass da, wo sie sind, lauter Touristen herumlaufen.

Und hatten Sie auch mal Heimweh?

Ja, wenn wir krank waren. Vor allem wenn dann die hygienischen Bedingungen nicht so perfekt waren.

Was hilft gegen Heimweh?

Zu Hause anrufen. Überhaupt haben wir im Internet-Zeitalter ja auch eine Art digitale Heimat, die immer im Gepäck bleibt: Serien und Podcasts können wir unterwegs weiterverfolgen und dank Social Media verpasst man am Ende gar nicht so viel.

Worauf haben Sie sich zu Hause am meisten gefreut?

Natürlich auf Familie und Freunde. Und auf Essen, das man im Ausland nicht kriegt: Körnerbrot oder Quark zum Beispiel.

Was wird nie mehr so sein wie zuvor?

Wir werden unseren Lebensweg nie mehr für festgelegt halten, für alternativlos oder für »das einzig Vernünftige«. Wir wissen jetzt: Es geht immer anders und man kommt immer irgendwie durch.

Und was kommt als Nächstes?

Wir erwarten gerade das zweite Kind und planen die zweite Elternzeitreise, die gerne wieder mehrere Monate dauern darf. Elternzeit ist eine sagenhafte Einrichtung und eine einmalige Gelegenheit – egal, ob man sie in Thailand am Strand oder im heimischen Wohnzimmer verbringt. Diese Zeit mit kleinen Kindern kommt einfach nie wieder. Es ist auch die einmalige Chance für uns Männer, am Projekt Familie endlich gleichberechtigt mitzuarbeiten. Für uns heißt das konkret: gleich lange Elternzeit, dann gleiches Maß an Teilzeit. Insgesamt hat das unserem Klima zu Hause richtig gutgetan. Und die Elternzeitreise war dafür der perfekte Einstieg.

KLEINE FLUCHTEN 18

DER HANDYKASTEN

Wir basteln uns Familienzeit

Angeblich gibt es Menschen, die den Umgang mit ihrem Smartphone unter Kontrolle haben. Menschen, die ihr Handy also wirklich nur dann aus der Tasche holen, wenn sie einen langen Artikel lesen möchten. Oder mal wieder ein bisschen quatschen mit Tante Erna. Oder wenn sie den kleinen Georg fragen wollen, ob er auf dem Heimweg von seinem Freund Tom noch einen Liter Milch fürs Frühstück morgen mitbringt. Wenn sie ausrechnen müssen, was 497.573 minus 396.592 ergibt oder spontan eine Taschenlampe brauchen, weil ihnen der Ehering unters Auto gerollt ist.

Allein: Ich kenne keinen dieser Menschen. Und ganz bestimmt gehört meine komplette Familie nicht dazu.

In unserer Familie besitzen im Moment drei Personen ein Handy: der Mann. Ich. Und seit seinem zwölften Geburtstag auch das große Kind. Das Kind hat ein altes iPhone, gesperrt für alles außer WhatsApp, Musik und Telefonieren (keine Spiele, kein Internet). Allerdings: Das reicht schon. Es reicht dafür, dass die Handys ein stressiges Dauerthema in unserer Familie sind, das uns Zeit raubt und Streit bringt. Nicht falsch verstehen: Ich halte die Erfindung des Handys für eine der größten und aufregendsten Dinge, die zu meinen Lebzeiten passiert sind. Ich liebe mein Handy über alles. Aber: Ich hasse den Familienzoff, der damit immer wieder verbunden ist.

Als unser Großer acht Jahre alt war, stand er einmal in unserem Schlafzimmer und entdeckte eine Reihe alter Filofaxe im Regal. Mein Freund hatte diese altmodischen Kalender in seinen Uni-Jahren liebevoll gepflegt. Unser Sohn wollte nun wissen, was das für Bücher seien, und er staunte nicht schlecht über meinen Satz: »Weißt du, da haben wir unsere Notizen und Termine reingeschrieben. Damals gab es ja noch keine Smartphones.« Ich konnte regelrecht sehen, wie das Gehirn des Kindes zu denken anfing. Nach zwei Minuten, in denen er sich ein Leben in diesen Urzeiten ohne Handy schweigend vorzustellen versuchte, fragte er: »Und sag mal Mama, hattet ihr denn damals schon Duschen?«

Es ist noch nicht lange her, dass das Smartphone erfunden wurde. 2007 kam das erste iPhone auf den Markt. Ich gehöre also der ersten Generation von Müttern an, die es sich ganz einfach nicht vorstellen kann, wie man Stillmonate ohne Handy ausgehalten hat. Wie oft Kleinkinder wohl »Die Sendung mit der Maus« verpasst haben, weil sie wirklich nur sonntags um 11.30 Uhr auf dem großen Riesenröhrengerät im Wohnzimmer lief? Wie war das Elternleben ohne schöne Gutenachtgefühle, die man sich mit all den Kinderfotos jeden Abend noch mal kurz ins Bett holen kann, indem man durch die Bilder scrollt? Wie konnte jemand einen Kindergeburtstag organisieren ohne WhatsApp-Gruppe? Ich verehre die grenzenlosen Skills meines Handys jeden Tag aufs Neue – und bin trotzdem sicher, dass wir unsere Haltung gegenüber den Geräten als einzelne Familie, aber auch als Gesellschaft insgesamt noch nicht optimiert haben. Wir üben und lernen jeden Tag, wie man mit der neuen Technik gut umgehen kann.

Ein Vater, den wir mal auf einem Campingplatz kennengelernt haben und dessen drei Teenie-Söhne alle noch kein Handy besaßen, öffnete mir ein wenig die Augen. Nach ein paar Drinks entpuppte sich der Mann, der eher aussah wie ein professioneller Bärenjäger, als hohes Tier bei einer großen amerikanischen

Software-Firma. »Die schlausten Menschen auf der Welt arbeiten im Moment daran, möglichst jeden Nutzer möglichst lange an seinem Handy und in den Apps zu halten«, erklärte er ohne jede Häme die strenge Enthaltsamkeit in seiner Familie. »Und solche Suchtgeräte legen wir Eltern unseren Kindern freiwillig und mitten in der Pubertät unter die Bettdecke? Es ist ein bisschen, als würde man ihnen zum zehnten Geburtstag Alkohol hinstellen und sagen: ›Schau halt, dass du nicht zu viel trinkst.‹ Und wenn es dann Probleme gibt, klagen wir die Schulen an: ›Könnt ihr nicht ein bisschen mehr Alkoholkunde unterrichten?‹ Es ist nicht die Schule. Es sind die Eltern, die die Geräte verteilen.«

Der Vergleich mit Alkohol mag ein wenig hinken, schließlich ist ein Leben ohne Alkohol durchaus vorstellbar, ein Leben komplett ohne Smartphones eigentlich nicht mehr. Aber es fällt schon auf, dass sich immer häufiger gerade technikaffinste Menschen sehr streng und limitierend äußern, was die Nutzung des Smartphones in Familien angeht. Von Steve Jobs Kindern heißt es, dass sie als Teenager überhaupt keine technischen Geräte zu Hause nutzen durften. Justin Rosestein, der Mann, der für Facebook den Like-Button erfand, hat angeblich eine von seinen Assistenten eingerichtete Kindersicherung auf dem eigenen Smartphone, die ihn davon abhalten soll, neue Apps zu installieren. Andere Techfreaks haben ihren Smartphone-Bildschirm dauerhaft auf Schwarz-Weiß umgestellt, weil dann viele Suchttrigger in den Apps nicht mehr richtig funktionieren. Dass selbst die Menschen, die davon leben, immer öfter darauf hinweisen, wie wichtig es ist, gute Verabredungen im Umgang mit der neuen Technik zu finden, hat mich doch sehr ins Grübeln gebracht. Der Durchschnittsmensch nimmt sein Handy mehr als 200 Mal am Tag in die Hand. Auch wenn das Nachdenken über und das Bestehen auf Verabredungen die Quelle von Familienstress ist, beim Thema Handy bin ich sicher: Es geht nicht ohne sie.

Beruhigend ist, dass die eigene Handysucht kein individuelles Problem ist oder irgendetwas mit einer persönlichen Schwäche oder charakterlichem Versagen zu tun hat. Die Dinger sind genau dafür programmiert. Es hilft, sich das immer wieder bewusst zu machen. Beruhigend ist auch, dass die besten Handyregeln solche sind, die man in Gemeinschaft beschlossen hat. Ob ein generelles Handyverbot in der Schule oder Familienregeln am Küchentisch: In dem Moment, in dem Regeln als Vereinbarungen für alle gelten, reduziert sich der Stress für den Einzelnen, aber auch für die Gruppe, sich daran zu halten. Von der elterlichen Vorbildfunktion mal ganz abgesehen – also dem Bild, das Sie abgeben, wenn Sie dauernd in Ihr Gerät starren, während Ihr Kleinkind darum bettelt, kurz Aufmerksamkeit für das gemeisterte Puzzle zu bekommen. Bei den Sportfahrten meines großen Sohnes etwa sind Handys generell nicht mehr erlaubt, selbst wenn sie drei Tage unterwegs sind. Das mag dem einen Vater oder der anderen Mutter hart erscheinen, weil sie kein Gutenachtherzchen verschicken können, erleichtert der Elternschaft insgesamt jedoch enorm, das Verbot durchzusetzen.

Ab wann Kinder ihr eigenes Handy bekommen und welche Handyregeln praktikabel sind, muss jede Familie für sich entscheiden. Bei uns verändern sich die Vereinbarungen immer wieder bzw. sie werden streng beschlossen, dann weichen sie über ein paar Monate wieder auf, bis nach einem großen Familienkrach über eine strengere Variante erneut abgestimmt wird.

Im Moment stehen wir bei: keine Handynutzung der gesamten Familie zwischen 6 Uhr 30 und bis »alle Kinder aus dem Haus sind«, also im großen Frühalarm. Ebenso keine Handynutzung der Erwachsenen zwischen 17 und 20 Uhr, also wenn die Kinder nach ihrem Tag wieder daheim sind und wir Eltern etwas versetzt aus der Arbeit kommen, während Abendessen, Tag-Erzählen, Picobello-Machen, Vorlesen und ins Bett bringen. Ausnahme für den Ältesten, seit er zwölf ist: Der darf zwischen Heimkommen und Abendessen ein bisschen ins Handy gucken, schließlich ist es in der Schule nicht dabei, und ab 19 Uhr liegt es wieder bei den Eltern in der Küche. Im Urlaub werden die Handyverabredungen immer neu verhandelt, genauso am Wochenende, da sind wir oft ganz schön nachlässig. Kein Handy am Tisch beim Essen gilt immer und für alle. Auch Handy auf dem Klo ist nicht erlaubt. Das liegt eher daran, dass wir zu sechst (und mit verhältnismäßig vielen Männern) nur ein Klo haben, und weniger am Endgerät selbst.

Leider hat es bei uns nicht ausgereicht, uns auf diese Regeln zu einigen. Als Eltern waren wir uns zwar theoretisch sicher, dass es genauso am besten ist. Praktisch zückte dann aber doch jeder von uns schnell das Gerät, um kurz nachzuschauen, was noch in der Arbeit los war, worüber die Kollegin vorhin auf Instagram so gelacht hat oder wie viele Likes der neue Supertweet aus dem Büro schon hat. Und wenn's klingelt, dann geht man halt ran. Nach einem halben Jahr war alles beim Alten. Wir waren beide genervt voneinander und sauer darüber, dass der jeweils andere viel zu oft nach unten schaut, während die Kinder die Blicke der Eltern suchten. Gleichzeitig hatte jeder für sich ein schlechtes Gewissen, die eigenen Handyreflexe so schlecht im Griff zu haben.

Was schließlich geholfen hat? Wir haben einen Handybriefkasten gebastelt. Also einen Kasten, der im Flur gleich neben der Haustüre hängt, und in den nun jeder sein Handy direkt nach Betreten der Wohnung »abgibt«. Es handelt sich bei dem Kasten um einen festen Karton, den wir mit Schlitz oben, Polsterung innen und auf- und abschließbarem Minischloss an einer Extratür unten so präpariert haben, dass man zwar ohne Probleme jederzeit an das Handy rankommt, es aber gleichzeitig ziemlich aufwendig ist, es zwischendrin rauszuholen. Das Grundschulkind hat den Kasten liebevoll ange-

pinselt. Der Mann benutzt ihn eher nachlässig, es reicht aber die Drohung, dass sein Handy gleich in die Kiste muss, um ihn in den No-Phone-Zeiten zu disziplinieren. Der älteste Sohn schmeißt sein Handy jeden Abend brav rein. Eine Schwachstelle des Kartons ist, dass er sich wegen seines intensiven Gebrauchs relativ schnell abnutzt. Aber mittlerweile ist es zu einer Art Familienhobby geworden, das Modell zu optimieren und immer neue Gimmicks zu entwickeln. Ein »Wir bauen eine neuen Handykasten«-Vormittag wird regelrecht zelebriert. Mit ausführlicher gemeinsamer Vorplanung, Einkaufen im Bastelladen und anschließendem Herumwerkeln in mehreren Versuchen. Freunde mit etwas größeren Kindern haben die Idee von uns übernommen und in der Familie eine Art Wettbewerb ausgeschrieben, wer die beste Handykiste hinkriegt – als Preis gab es Minutengutscheine für Computerspielzeit. Wer weiß, vielleicht lassen wir uns irgendwann ein Bastelset für die Kiste patentieren und werden steinreich damit.

AUF EINEN BLICK

Kleine Fluchten (18): der Handykasten

Vorbereitungszeit: ein Bastelnachmittag und ein gutes Regelgespräch

Umsetzbarkeit (auf einer Skala von 1 bis 6): 3

Kosten: Material für den Handykasten etwa 10 bis 20 Euro

Gefahr: definitiv die Nichtnutzung; Rückfälle in alte Routinen; Regelaufweichungen

Gewinn: Zeit ohne Handy

Das sagen die Kinder: »Es klingelt schon wieder in der Kiste.«

KLEINE FLUCHTEN 19

STOFFTIERPARTY

Rollen spielen

Die Idee, mit Stofftieren ein Rollenspiel zu inszenieren, stammt von einer sehr lieben Kollegin. Die Methode, aus dem Alltag heraus in eine andere Welt zu treten, hat bei ihrer Tochter noch als Teenager funktioniert. Ich finde diese Flucht so liebreizend und gleichzeitig logisch, dass ich sie gerne vorstellen möchte. Da die Familie meiner Kollegin das Spiel schon sehr lange spielt und viel darüber erzählen kann, ist hier ihre Variante beschrieben – aber natürlich kann jede Familie eigenständig improvisieren.

In spontanen Abständen, aber doch regelmäßig verabreden sich in diesem Fall Vater, Mutter und Kind zu einer Stofftierparty im Kinderzimmer. Was heißt: Sie legen sich alle zur Tochter ins Bett und jeder spielt ein oder verschiedene Stofftiere. Mittlerweile haben die Stofftiere alle unterschiedliche Charaktere, sie reißen Witze, sind beleidigt, verliebt oder frech, agieren miteinander, raufen, kuscheln, hauen sich, sprechen Dialekte und haben Tonlagen – oder sie agieren auch mal ganz anders. »Es ist ein bisschen wie eine Flucht in eine sehr kleine, überschaubare Stofftierwelt, völlig losgelöst von allem, was gerade um uns herum passiert«, erklärt es meine Kollegin. Sie ist selbst überrascht, dass dieses Spiel nach all den Jahren immer noch gut läuft – und erfreut, weil es so leicht ist, über die Tiere miteinander in Kontakt zu kommen.

Mich erinnert die Idee an die große Handpuppe, die bei meiner Schwiegermutter im Gästezimmer auf dem Sofa sitzt und über die sie mit meinen Kindern manchmal spricht. Meine Schwiegermutter ist Erzieherin und Gestalttherapeutin, und die Puppe ein Überbleibsel aus ihren Jahren als Leiterin eines Kindergartens. Manchmal, wenn meine Kinder respektvoll interessiert die große Puppe mit dem riesigen Mund angucken, schlüpft sie mit beiden Armen in die Puppe hinein und fängt an, mit den Kindern zu sprechen. Gerade die kleinen Kinder vergessen im Kontakt mit der Puppe in wenigen Sekunden alles um sich herum. Es gibt nur noch sie und die Puppe. Und Gespräche, die ich aus der alltäglichen Erwachsenen-Kind-Kommunikation mit ihnen nicht so kenne.

Die erlernte Technik, die meine Schwiegermutter dabei verwendet, kommt aus dem therapeutischen Puppenspiel, dessen Ursprung fast hundert Jahre zurückliegt. Puppen oder Stofftiere funktionieren dabei als eine Art Abbild des Menschen. Sie sind wie Menschen – und zwar so, wie wir sie gerne hätten. In den 1930er-Jahren entwickelte der Arzt, Psychiater und Soziologe Jacob Levy Moreno das sogenannte Psychodrama als Stegreifspiel im therapeutischen Prozess mit Kindern. Moreno beobachtete dafür über Jahre Kinder beim Spielen und versuchte, die große Kinderkunst des Rollenspiels dafür zu nutzen, innere Empfindungen leichter nach außen zu kommunizieren.

Gefühle wie Wut, Trauer, Angst oder Freude kommen im Rollenspiel von Kindern oft wie von selbst zum Ausdruck. Die Formulierung solcher Gefühle im Dialog mit Erwachsenen fällt meistens sehr schwer. Durch die Übertragung der Kommunikation auf die Puppe wird das Gespräch erleichtert und die verbal oft begrenzte Ausdrucksmöglichkeit von Kindern durch das Spiel mit der Puppe kompensiert.

Auch wenn Eltern sich lieber nicht als Therapeut*innen ihrer Kinder verstehen sollten: Das Externalisieren bestimmter Themen und der Austausch über ein Stofftier, eine Puppe oder eine Salzteigfigur kann Kommunikation erleichtern und auch sehr lustig machen. Verbindet sich das Ganze mit einem Ritual, mit Kuscheln, Liebe und Aufmerksamkeit, ist die Stofftierparty eine wunderbare Alltagsflucht, aus der jeder wieder gestärkt in die Welt da draußen mit den echten Menschen und all ihren Eigenheiten losziehen kann.

AUF EINEN BLICK

Kleine Fluchten (19): Stofftierparty

Vorbereitungszeit: 5 Minuten

Umsetzbarkeit (auf einer Skala von 1 bis 6): 1

Kosten: keine

Gefahr: dass man als Eltern zu wehmütig wird beim Gedanken daran, dass es irgendwann nicht mehr funktioniert.

Gewinn: ungeahnte Gesprächsverläufe

Das sagen die Kinder: »Du kannst so viele Stimmen, Papa.«

KLEINE FLUCHTEN 20

COMPLICATE YOUR LIFE

Über das Gegenteil von »praktisch«

Einer meiner Lieblingskollegen bei der Zeitung, für die ich arbeite, heißt Georg Cadeggianini. Oder auch: »Der mit den sieben Kindern«. Georg schätzt diese Zuschreibung nicht besonders, denn er ist natürlich viel mehr als »der mit den sieben Kindern«. Unter anderem zum Beispiel ein hervorragender Journalist, ein hilfsbereiter Mensch, ein lustiger Freund und Kollege, ein toller Koch … Aber eben auch: ein erfahrener, aufmerksamer, genau beobachtender und sich ständig im Wandel befindender Vater mit vier Töchtern und drei Söhnen, von dem ich in den Jahren unserer Zusammenarbeit viel gelernt und abgeschaut habe.

Was mir am meisten imponiert an Georg als Vater, und was ihn zu einem besonders wertvollen Ratgeber macht: seine jedes Chaos umarmende Grundhaltung zum Leben. Große wie kleine Herausforderungen des Alltags mit Kindern lässt er nicht einfach nur über sich ergehen, sondern steht engagiert mittendrin, ohne sich dabei jemals so richtig die Laune verderben zu lassen. Zumindest nicht so, dass ich es merken würde.

Die Frage, die einem jeder stellt, wenn man von Georg spricht (und die sich manche auch trauen, ihm direkt zu stellen), ist natürlich: Warum? Warum bekommt man (freiwillig) sieben Kinder? Als Antwort auf diese Frage hat er sogar mal ein Buch geschrieben mit dem schönen Titel *Aus Liebe zum Wahnsinn*. In diesem Buch erklärt er eine Strategie, die sich CYL nennt und die ich hier als Idee vorstellen möchte, weil sie mir so simpel wie philosophisch erscheint, und ich den Perspektivwechsel, der in ihr steckt, wertvoll finde.

CYL steht dabei für »Complicate Your Life«, also die Aufforderung »Verkompliziere dein Leben«. »Wer sich für den CYL-Weg entscheidet, ist schon fast da: im Glück«, steht in Georg Cadeggianinis Buch auf der ersten Seite. Dann schildert Georg einen Abend, an dem sich spontan ein alter, kinderloser Freund als Besucher in seiner kleinen Münchner Wohnung ankündigt, Georgs Frau fürs Kino verabredet ist, keines der Kinder schon schläft bzw. alle hungrig sind – und er beschließt, trotz allem zum Abendessen für den Freund und alle Kinder selbst gemachte Pasta zu kochen. »Wir helfen mit!« schreien die Kinder – also Hilfe in dem Sinne, dass die Kinder in etwa das Gegenteil von dem machen, was man gerade bräuchte, und am Ende zum Puzzeln in ihr Zimmer gehen, wenn man aufräumen muss. »Dabei erhöht jedes mithelfende Kind das Endchaos exponentiell«, schreibt Cadeggianini. Egal. Nudeln, selbst gemacht, mit Kinderhänden. Als der Freund an der Haustüre klingelt, beschmeißt eine Tochter gerade einen Bruder mit Teigbällchen, und der Jüngste lässt ein volles Honigglas in tausend Stücke zerspringen. Ganz am Ende des Abends, nachdem die Kinder dann doch irgendwann erschöpft ins Bett gefallen sind und Georg und sein Freund sich mit Gin betrinken – ganz am Ende, als die »Warum?«-Frage so eindrücklich im Raum steht wie die Tripp-Trapp-Stühle mit den daran hängenden Teigresten, da erfindet Cadeggianini die CYL-Philosophie als Strategie auf der Suche nach dem Glück: »Wenn es kompliziert wird, mach es komplizierter. Das ist alles.« Wenn du alleine mit sieben Kindern zu Hause bist und ein Freund dich besucht: Hol die Nudelmaschine statt der Tütennudeln aus dem Küchenschrank. Es wird eh wild. Dann schmeckt es wenigstens noch extra lecker.

CYL ist die nur halb ernst und gleichzeitig todernst gemeinte Idee, das Glück nicht dort zu suchen, wo alle behaupten, dass es sei: in der Entspannung, der Balance, Ruhe und Mäßigung, sondern sich darauf einzulassen, es womöglich genau im Gegenteil zu finden: im Chaos, Wahnsinn, Übermaß, in der vollkommenen Nicht-Kontrolle. Mit der Suche im Gegenteil reduziert man ganz automatisch seine Erwartungen. Da Erwartungen ja oft genau das sind, was Glücksempfinden verhindert, kann das ein schlauer Weg sein. Einfach mal ausprobieren, als alternative Sicht auf das eigene Leben und die das Chaos umarmende Groteske. Als Tageshaltung, wenn alle anderen Entspannungsstrategien schon grandios gescheitert sind. Als Spaß. Als Experiment. »In every job that must be done there is an element of fun«, sagt Mary Poppins, »In jeder Tätigkeit lässt sich etwas Lustiges finden«. Bester Spruch, um gute Laune im familiären Chaos genau dort zu suchen, wo man sie nie vermuten würde.

AUF EINEN BLICK

Kleine Fluchten (20): Complicate Your Life
Vorbereitungszeit: eine Runde Eindenken ins Gegenteil
Umsetzbarkeit (auf einer Skala von 1 bis 6): 1
Kosten: keine
Gefahr: Kontrollverlust
Gewinn: Kontrollverlust!
Das sagen die Kinder: »Morgen backen wir Macarons, okay?«

Herzen?
Nein, Vögel, die anerkennend in die Flügel klatschen.
@kriegundfreitag

MEINE BUNTE BÜCHERLISTE ZUM THEMA FAMILIE

Chimamanda Ngozi Adichi: Liebe Ijeawele … Wie unsere Töchter selbstbestimmte Frauen werden, Frankfurt a.M.: S. Fischer, 2017

Lesley Nneka Arimah: Was es bedeutet, wenn ein Mann aus dem Himmel fällt, Hamburg: CulturBooks 2019

Margaret Atwood: Der Report der Magd, München: Piper, 1985

Elisabeth Badinter: Der Konflikt. Die Frau und die Mutter, München: C.H. Beck, 2010

Elisabeth Badinter: Die Mutterliebe. Die Geschichte eines Gefühls vom 17. Jahrhundert bis heute, München: Piper, 1981

Antonia Baum: Stillleben, München: Piper, 2018

Barbara Bleisch, Andrea Büchler: Kinder wollen. Über Autonomie und Verantwortung, München: Hanser, 2020

Brené Brown: Verletzlichkeit macht stark, München: Goldmann, 2017

Georg Cadeggianini: Aus Liebe zum Wahnsinn. Mit sechs Kindern in die Welt, Frankfurt a.M.: S. Fischer, 2012

Patricia Cammarata: Raus aus der Mental Load-Falle, Weinheim und Basel: Beltz, 2020

Rachel Cusk: Lebenswerk – Über das Mutterwerden, Berlin: Suhrkamp, 2019

Orna Donath: #regretting motherhood. Wenn Mütter bereuen, München: Knaus, 2016

Rike Drust: Muttergefühle. Gesamtausgabe, München: C. Bertelsmann Verlag, 2011

Rike Drust: Muttergefühle. Zwei, München: C. Bertelsmann Verlag, 2017

Lise Eliot: Was geht hier drinnen vor? Die Gehirnentwicklung in den ersten fünf Lebensjahren, München: Piper, 2017

Laura Fröhlich: Die Frau fürs Leben ist nicht das Mädchen für alles. Was Eltern gewinnen, wenn sie den Mental Load teilen, München: Kösel, 2020

Ariana Harwicz: Stirb doch, Liebling München: C.H. Beck, 2019

Sheila Heti: Mutterschaft, Reinbek bei Hamburg: Rowohlt, 2019

Tom Hodgkinson: Leitfaden für faule Eltern, Leipzig: Rogner und Bernhard bei Zweitausendeins, 2009

Nora Imlau: So viel Freude, so viel Wut, München: Kösel, 2018

Nora Imlau: Mein Familienkompass: Was brauch ich und was brauchst du? Berlin: Ullstein, 2020

Jesper Juul: Aus Erziehung wird Beziehung. Authentische Eltern – kompetente Kinder. Freiburg i. B.: Herder, 2005

Mareice Kaiser: Alles inklusive. Aus dem Leben mit meiner behinderten Tochter. Frankfurt a.M.: S. Fischer, 2016

Fabian Sixtus Körner: Mit anderen Augen. Wie ich durch meine Tochter lernte, die Welt neu zu sehen. Berlin: Ullstein, 2018

Karl Ove Knausgard: Leben. München: Btb, 2015

Remo Largo: Babyjahre. München: Piper, 2019

Remo Largo: Kinderjahre. München: Piper, 2019

Astrid Lindgren: Niemals Gewalt. Hamburg: Verlagsgruppe Oetinger, hrsg. 2017

Stefanie Lohaus und Tobias Scholz: Papa kann auch stillen, München: Goldmann, 2015

Susanne Mierau: Mutter. Sein. Von der Last eines Ideals und dem Glück des eigenen Wegs, Weinheim und Basel: Beltz, 2019

Michael Lukas Moeller: Die Wahrheit beginnt zu zweit: Das Paar im Gespräch. Hamburg: Rowohlt Taschenbuch, 2010

Philippa Perry: Das Buch von dem du dir wünschst, deine Eltern hätten es gelesen (und deine Kinder werden froh sein, wenn du es gelesen hast), Berlin: Ullstein, 2020

Nils Pickert: Prinzessinnenjungs. Wie wir unsere Söhne aus der Geschlechterfalle befreien. Weinheim und Basel: Beltz, 2020

Tanja Raich: Jesolo, Blessing, 2019

Herbert Renz-Polster: Kinder verstehen. Wie die Evolution unsere Kinder prägt. München: Kösel, 2018

Sandra Roth: Lotta Wundertüte. Unser Leben mit Bobbycar und Rollstuhl, Frankfurt a.M.: S. Fischer, 2015

Almut Schnerring, Sascha Verlan: Die rosa-hellblau Falle. Für eine Kindheit ohne Rollenklischees, München: Antje Kunstmann Verlag, 2014

Andrew Salomon: Weit vom Stamm. Wenn Kinder ganz anders als ihre Eltern sind, Frankfurt a.M.: S. Fischer, 2013

Leila Slimani: Dann schlaf auch du, München: Luchterhand, 2017

Rebecca Solnit: Die Mutter aller Fragen, Hamburg: Hoffmann und Campe, 2017

Mariam Irene Tazi-Preve: Das Versagen der Kleinfamilie. Kapitalismus, Liebe und der Staat, Leverkusen: Verlag Barbara Budrich, 2018

Barbara Vinken: Die deutsche Mutter. Der lange Schatten eines Mythos, Frankfurt a.M.: S. Fischer, 2001